BEI GRIN MACHT SICH IHR WISSEN BEZAHLT

- Wir veröffentlichen Ihre Hausarbeit,
  Bachelor- und Masterarbeit

- Ihr eigenes eBook und Buch -
  weltweit in allen wichtigen Shops

- Verdienen Sie an jedem Verkauf

Jetzt bei www.GRIN.com hochladen und kostenlos publizieren

Bibliografische Information der Deutschen Nationalbibliothek:

Die Deutsche Bibliothek verzeichnet diese Publikation in der Deutschen National-
bibliografie; detaillierte bibliografische Daten sind im Internet über http://dnb.d-
nb.de/ abrufbar.

Impressum:

Copyright © 2010 GRIN Verlag, Open Publishing GmbH
Druck und Bindung: Books on Demand GmbH, Norderstedt Germany
ISBN: 9783668367753

Dieses Buch bei GRIN:

http://www.grin.com/de/e-book/337876/das-konzept-leichte-sprache-theorie-und-
praktische-umsetzung

Linda Winter

Das Konzept Leichte Sprache. Theorie und praktische Umsetzung

GRIN Verlag

GRIN - Your knowledge has value

Der GRIN Verlag publiziert seit 1998 wissenschaftliche Arbeiten von Studenten, Hochschullehrern und anderen Akademikern als eBook und gedrucktes Buch. Die Verlagswebsite www.grin.com ist die ideale Plattform zur Veröffentlichung von Hausarbeiten, Abschlussarbeiten, wissenschaftlichen Aufsätzen, Dissertationen und Fachbüchern.

Besuchen Sie uns im Internet:

http://www.grin.com/

http://www.facebook.com/grincom

http://www.twitter.com/grin_com

Inhalt

1. Das Konzept Leichte Sprache 2

2. Leichte Sprache in der Theorie 3

    2.1 Begriffsklärung „Leichte Sprache" 3

    2.2 Ursprung und Verbreitung 6

    2.3 Methoden und Regelungen 9

        2.3.1 Leserfaktor 10

        2.3.2 Inhalt 10

        2.3.3 Textgestaltung 11

3 Leichte Sprache in der praktischen Umsetzung 18

    3.1 Schritte zur Erstellung eines leicht lesbaren Dokuments 18

    3.2 Zur Rolle der Verständniskontrolle durch Menschen mit Lernschwierigkeiten 20

    3.3 Praxisbeispiel zu Leichter Sprache anhand einer eigenen Übersetzung 22

    3.4 Reflexion der eigenen Übersetzung 22

4 Grenzen und Probleme hinsichtlich Leichter Sprache 24

5. Literaturverzeichnis (inklusive weiterführender Literatur) 27

6. Anhang 40

    Anhang 1: Online Artikel 40

    Anhang 2: Übersetzung des Online-Artikels in leichte Sprache 40

1. Das Konzept Leichte Sprache

„Leicht lesbares Material auf lokaler, nationaler und europäischer Ebene, dessen Inhalt klar vermittelt wird, hilft jedem Menschen, nicht nur denen mit Lese- und Schreibproblemen. " (Freyhoff1998, 7)

Unsere Welt birgt zahlreiche sprachliche Barrieren. Überall kann man auf Formulierungen treffen, die nur schwer verständlich und interpretierbar sind - in Bereichen wie der Politik, der Wirtschaft, Wissenschaft, Technik, Hygiene, Recht, dem Zusammenleben, der Presse und in vielen anderen mehr (vgl. Langer et al. 2006, 15). „Die hochdeutsche Sprache [ist] von Verwirrung bedroht", betont Illgner (2001, 7) und kritisiert die Verwendung von Anglizismen, Mode-, Fach- und Fremdwörtern sowie die Unverständlichkeit der Sprache (vgl. ebd., 7f.) So haben es Bürger, die sich informieren und kundig machen möchten, oftmals nicht leicht: Sie treffen auf verschachtelte Satzkonstruktionen, verworrene Gedankengänge und weitschweifige sowie umständliche Erklärungen - auf schwer zu verstehende Informationen (vgl. Langer et al. 2006, 15; Wagner; Kämpf de Salazar 2004, 207). Eine schwer zu verstehende Information lässt sich jedoch nicht inhaltlich begründen - „Der Inhalt ist meistens gar nicht so kompliziert. Er wird erst kompliziert gemacht." (Langer et al. 2006, 16). Die Verantwortung, ob Sachverhalte komplex und schwierig dargestellt sind, liegt demzufolge vorwiegend bei den Autoren von Texten, Berichten etc., dem Gesprächspartner oder meinem Gegenüber. Zudem betonen Schlenker-Schulte (vgl. 2004b, 199), dass Sachinformationen sprachlich unterschiedlich komplex, jedoch inhaltlich gleichwertig formuliert werden können. Eine einfache Darstellung bezüglich der Inhalte von Informationen, Texten, 30Berichten und Broschüren etc. ist demnach grundsätzlich möglich. Dies beweist beispielsweise Stephen Hawking mit seiner einfach formulierten Ausarbeitung der Relativitätstheorie „Eine kurze Geschichte der Zeit" (vgl. Wagner; Kämpf de Salazar 2004, 207).

Der Gebrauch einer schwer verständlichen Sprache wirft die Frage auf, aus welchem Grund sich viele Menschen so schwer verständlich ausdrücken. In der Literatur finden sich häufig folgende Antworten und Gründe (vgl. ebd., 16f.; Wagner; Kämpf de Salazar 2004, 207; Hellbusch 2005, 98): Zunächst sind sich viele Menschen ihrer schwer verständlichen Sprache nicht bewusst und reflektieren ihren Sprachgebrauch folglich auch nicht. Einige Personen intendieren zudem, durch einen komplizierten Sprachstil ihre fachlichen Kompetenzen hervorzuheben sowie Anerkennung und Achtung zu erlangen. Andere wiederum errichten absichtlich sprachliche Barrieren, um die Sprach-Empfänger zu verwirren und in Unwissenheit zu belassen (z.B. das Kleingedruckte in Verträgen) oder eigene Interessen durchzusetzen. Den Hauptgrund bezüglich des Gebrauchs einer schweren Sprache sehen Langer et al. jedoch darin, dass viele Menschen nicht wissen, wie sie sich einfach und verständlich ausdrücken können, denn „sie haben es nie gelernt." (Langer et al. 2006, 17) Der Einsatz einer leichteren Sprache und das Verfassen verständlicher Texte sind jedoch von großer Bedeutung: Für viele Menschen stellen sie die Voraussetzung dar, „sich im Alltagsleben orientieren zu können." (Kupke; Schlummer 2010, 68) Besonders Menschen mit Lernschwierigkeiten benötigen zur Alltagsbewältigung eine leichte Sprache und verständliche Texte: Sie eröffnen ihnen die Möglichkeit „selbstständig die eigenen Interessen zu verfolgen und so ihre Persönlichkeitsentwicklung voranzutreiben." (ebd.)

Eine leicht verständliche Sprache und Verständlichkeit spielt bezüglich der Teilhabe an Informationen und am alltäglichen Leben eine immer größer werdende Rolle. Mittlerweile ist das sogenannte Konzept Leichte Sprache entwickelt worden, das einen wesentlichen Beitrag zum Abbau sprachlicher Barrieren leisten kann und sich im Besonderen den Belangen der Menschen mit Lernschwierigkeiten widmet. Was Leichte Sprache genau bedeutet, wie es zu der Forderung nach dem Gebrauch einer leicht verständlichen Sprache kam, welche Regeln es in Bezug auf das Konzept Leichte Sprache zu beachten gilt und inwiefern diese Regeln in die Praxis umgesetzt werden können, soll daher in den folgenden Kapiteln beleuchtet und anschließend kritisch reflektiert werden.

2. Leichte Sprache in der Theorie

2.1 Begriffsklärung „Leichte Sprache"

Sprache ist ein bedeutsames Element alltäglicher in unserem Leben. Durch Sprache drücken wir uns aus, teilen etwas mit. Sobald das Mitgeteilte jedoch nicht verstanden wird, sind unsere Bemühungen vergebens und der bezweckte Kommunikationsprozess gescheitert (vgl. Miles-Paul 2008, 4). Leichte Sprache soll die Verwirklichung eines Kommunikationsprozesses für alle ermöglichen. Dies impliziert: „Man schreibt oder sagt etwas so, dass es jeder verstehen kann." (Wessels 2008, 264) Eine Betroffene unterstreicht zudem: „Bei Leichter Sprache ist wichtig, dass man es gut verstehen kann. Was es heißen soll. Um was es geht. [...] Dann verstehen auch Menschen ohne Behinderung besser um was es geht. Wenn die Sätze einfach geschrieben sind. Gute Erklärungen, was es heißen soll. Beispiele, was es heißen soll." (Mensch zuerst 2008, o.S.) Dementsprechend konstatiert das Ministerium für Arbeit, Soziales, Gesundheit, Familie und Frauen Rheinland-Pfalz (MASGFF):

> Mit Leichter Sprache wird eine barrierefreie Sprache bezeichnet, die sich durch einfache, klare
> Sätze und ein übersichtliches Schriftbild auszeichnet. Sie ist deshalb besser verständlich, be-

sonders für Menschen mit Lernschwierigkeiten oder mit Behinderungen. [...] Zu Leichter Sprache gehören immer erklärende Bilder, Fotos oder Grafiken. (MAGFF 2008, 6; 11) Da Leichte Sprache von Menschen mit Lernschwierigkeiten angeregt sowie verbreitet wurde und es diesbezüglich bisher weder wissenschaftliche Definitionen noch wissenschaftliche Erkenntnisse aus der Forschung gibt, sollte die definitorische Macht m.E. bei den Betroffenen liegen.

Aufgrund der bereits beschriebenen vielfältig vorhandenen Kommunikations- und Informationsbarrieren bezweckt das Konzept Leichte Sprache, Texte ohne Verständnisbarrieren entstehen zu lassen. Dies gewährleistet eine schnelle(re) und einfache(re) Informationsaufnahme für alle Menschen (vgl. Prinz; Bierstedt 2004, 249). Vor allem Menschen mit Lernschwierigkeiten soll somit ermöglicht werden, sich frei und ohne fremde Hilfe in ihrem Alltag bewegen bzw. ihren Alltag bewältigen zu können - Tagesnachrichten lesen, Konsumenteninformationen einholen, Rechte und Verpflichtungen kennenlernen, Dienstleistungsangebote wahrnehmen, öffentliche Verkehrsmittel nutzen sowie Freizeitangebote in Anspruch nehmen, stellen lediglich einige tägliche Aufgaben dar, die im Hinblick auf die Umsetzung Leichter Sprache überwiegend selbstbestimmt gemeistert werden könnten (vgl. Freyhoff et al. 1998, 10). Menschen mit Lernschwierigkeiten werden auf diese Weise neue Erfahrungs- und Lernprozesse eröffnet (vgl. Wessels 2008, 265f.). „Neben der Bedeutung des Einsatzes von leichter Sprache im Alltag - zur lebenspraktischen Bewältigung - zielt leichte Sprache [also] besonders auch ab auf die Weiterentwicklung der eigenen Persönlichkeit." (Kupke; Schlummer 2010, 71)

Das Konzept der Leichten Sprache hat es sich zur Aufgabe gemacht, „komplexe Sachzusammenhänge einfach und verständlich darzustellen" (Miles-Paul 2008, 4), damit jeder Mensch Zugang zu Informationen erhalten kann. Das einfache und verständliche Darstellen von Sprache kann anhand festgelegter „Kriterien Leichter Sprache" erfolgen, die vom Netzwerk Leichte Sprache[1] ausgearbeitet wurden und gleichzeitig als Leitfaden zum Verfassen von u.a. leicht lesbarer/ verständlicher Texte dienen. Diese Kriterien finden sich u.a. in dem vom „Mensch zuerst - Netzwerk People First" herausgegebenen wieder. Die Herstellung eines leicht lesbaren Texts ist laut Freyhoff et al. (1998, 8) dann erreicht, wenn er „nur die wichtigste Information enthält und auf die direkteste Weise präsentiert wird, so dass er die größtmögliche Zielgruppe erreicht." Das Leichte Sprache Konzept lässt sich jedoch nicht nur auf textuelle Medien reduzieren: „Die Vielfältigkeit der Medien und ihre stetige Weiterentwicklung sollten ebenfalls Beachtung finden." (Kupke; Schlummer 2010, 71). Alternative Medien, wie das

---

[1] Eine nähere Beschreibung bezüglich des Netzwerks Leichte Sprache erfolgt in Punkt 4.1.2.

Internet, Hörkassetten oder Videos sind demnach ebenfalls in einer leicht verständlichen Sprache zu gestalten. So kann gleichzeitig einem Ausschluss von z.b. Menschen, die nicht lesen können, entgegengewirkt werden.

In dem Wörterbuch von Mensch zuerst wird hervorgehoben, dass Leichte Sprache kein starres Konzept darstellt, sondern aufgrund des fortwährenden Wandels der Sprache einer ständigen Weiterentwicklung bedarf (vgl. Mensch zuerst 2008, o.S.). Bezüglich Leichter Sprache wird zudem die Abwendung von einer kindlichen oder banalen Sprache betont - Leichte Sprache verlangt eine angemessene (Aus)Formulierung, da z.b. viele Informationen für Erwachsene mit Lernschwierigkeiten bestimmt sind (vgl. Freyhoff et al. 1998, 8; Reiter 2010, o.S.).

Wie schon vorangehend erläutert, ist das Konzept der Leichten Sprache von Menschen mit Lernschwierigkeiten initiiert wurden und aus der Praxis heraus entstanden. Bisher bestehen keine wissenschaftlichen Definitionen und Erkenntnisse aus der Forschung. Eine Betrachtung anderer theoretisch erforschter Modelle, die sich der Verständlichkeits- sowie Lesbarkeits-Thematik von Texten widmen, zeigt jedoch, dass das Konzept Leichte Sprache vergleichbare Aspekte hinsichtlich einer verständlichen Gestaltung aufweist (vgl. Schlummer; Kupke 2010, 69). Diesbezüglich lässt sich insbesondere das von Langer, Schulz von Thun und Tausch entwickelte Hamburger-Verständlichkeitsmodell hervorheben. Das psychologisch ausgerichtete Modell geht davon aus, dass die Verständlichkeit eines Texts durch die äußere Gestaltung und Wortwahl statt vom Inhalt bestimmt wird. Verständlichkeit wird somit als eine textimmanente Eigenschaft betrachtet, die über folgende Textmerkmale erfasst werden kann: „Einfachheit", „Gliederung/ Ordnung", „Kürze/ Prägnanz", „Anregende Zusätze" (vgl. ebd.; Langer et al. 16ff.). Es lässt sich festhalten, dass diese Merkmale ebenfalls wichtige Kriterien des Konzepts Leichte Sprache widerspiegeln (vgl. Schlummer; Kupke 2010, 69). Das Konzept der Leichten Sprache berücksichtigt jedoch insbesondere die Bedürfnisse und Belange der Personengruppe „Menschen mit Lernschwierigkeiten", der in der Verständlichkeitsforschung bisher noch keine Aufmerksamkeit gewidmet wurde. Für eine Verständlichkeitserleichterung von u.a. Informationen, Texten und Sprache für Menschen mit Lernschwierigkeiten ist das Heranziehen des Konzepts Leichte Sprache also durchaus folgerichtig.

2.2 Ursprung und Verbreitung

„ Oder haben Sie sich noch nie über einen komplizierten Brief vom Amt oder eine unverständliche Gebrauchsanweisung geärgert?" (Göbel 2009, o.S.)

Die Idee bezüglich des Konzepts Leichter Sprache entstand in erster Linie im Rahmen des Modellprojekts „Wir vertreten uns selbst!" von Dezember 1997 bis November 2001. Hier trafen die an dem Projekt teilnehmenden Menschen mit Lernschwierigkeiten vermehrt auf schwer verständliche Briefe sowie Vorträge und Reden bei Kongressen. Eine Mitsprache oder Beteiligung an Entscheidungen war somit kaum möglich. Diese Problematik veranlasste die Mitwirkenden des Modellprojekts, für sich eine leicht verständliche Sprache einzufordern (vgl. Wessels 2005, 229). Aus dieser Forderung entstand die Idee des Stoppschilds „Halt! Leichte Sprache" (siehe Abbildung 2, S. 36), das immer dann zum Einsatz kommen soll, sobald ein Zuhörer während einer Rede auf Unverständliches trifft, wie z.b. auf Fremdwörter oder inhaltlich unklar Dargestelltes. Der Redner wird somit aufgefordert Worte und Formulierungen so zu wählen, dass seine Gedanken für die Zuhörenden nachvollziehbar sind. Auf diese Art und Weise ist mit Hilfe des Stoppschilds ein beidseitiger Lernprozess erreichbar - dem Zuhörer ist eine Auseinandersetzung mit der in der Rede angesprochenen Thematik möglich und der Redner lernt, sich einfacher auszudrücken (vgl. Kupke; Schlummer 2010, 68). Die Forderung der im Modellprojekt Mitarbeitenden nach einer leichteren Sprache führte zum anderen zu der Entwicklung der bereits im vorangegangenen Kapitel erwähnten Standards bzw. Kriterien Leichter Sprache, mit denen Dokumente in eine verständlichere Sprache verfasst werden können. Diese Regelungen entstanden gemeinsam mit dem Netzwerk Leichte Sprache, das maßgeblich an der Verbreitung des Konzepts Leichte Sprache beteiligt ist: Das Netzwerk Leichte Sprache[2] gründete sich 2006 und setzt sich zusammen aus Mitgliedern in Deutschland und Österreich. Neben Selbstvertretungsgruppen wie Mensch zuerst und Wibs - Wir bestimmen und beraten selbst kämpfen ebenfalls Privatpersonen für die Verbreitung und Anerkennung des Konzepts Leichte Sprache, indem sie u.a. Schulungen bezüglich der Thematik „Leichte Sprache" durchführen oder schwer verständliche Dokumente in leicht verständliche Sprache übersetzen. Ziel des Netzwerks ist es, über das Konzept Leichte Sprache zu informieren und aufzuklären. So lernen sowohl Menschen mit als auch ohne Behinderung in den von den Mitgliedern des Netzwerks durchgeführten Schulungen z.B., weshalb Leichte Sprache wichtig ist und wie Texte leicht lesbar und verständlich gestaltet werden können (vgl. Mensch zuerst 2008, 247ff.). Um eine Verbreitung des Konzepts und Teilhabechancen von

---

[2] Weitere Informationen bezüglich des Netzwerks Leichte Sprache, dessen Zusammensetzung sowie Ziele sind der folgenden Internetseite „http://www.leichtesprache.org" zu entnehmen.

Menschen mit Lernschwierigkeiten in Deutschland und Österreich weiterhin voranzutreiben, fordert das Netzwerk Leichte Sprache „dass es alle wichtigen Informationen auch in Leichter Sprache gibt. Zum Beispiel: Anträge auf den Ämtern, Gesetze, Gebrauchsanleitungen, Informationen in den Zeitungen, im Radio und im Fernsehen." (Göbel 2009, o.S.)

Auf europäischer Ebene erhielt die Thematik „Leichte Sprache" Einzug durch die von der „Formely International League of Societies for Persons with Mental Handicap" (ILSMH) entwickelten und im Jahre 1998 veröffentlichten „Europäischen Richtlinien für die Erstellung von leicht lesbaren Informationen für Menschen mit geistiger Behinderung." Die Richtlinien sind vorwiegend bestimmt für Mitarbeiter von Einrichtungen, Organisationen, Institutionen und Regierungen. Mit der Herausgabe der Richtlinien erhofft sich die ILSMH eine Unterstützung bei der Erarbeitung leicht lesbarer Materialien zu bieten und betont, dass inhaltlich und äußerlich einfach gestaltete Dokumente jedem Menschen helfen (vgl. Freyhoff et al. 1998, 7). Eine Übersetzung der Richtlinien in alle in der europäischen Union vorhandenen Sprachen (vgl. Kupke; Schlummer 2010, 70) verdeutlicht die Relevanz des Gebrauchs einer leicht verständlichen Sprache. Im Rahmen des von Inclusion Europe initiierten Projekts „Pathway - Wege zur Erwachsenenbildung für Menschen mit Lernschwierigkeiten" wurden, unter Berücksichtigung der europäischen Richtlinien, neue europäische Regeln zur Erstellung leicht lesbarer und leicht verständlicher Informationen ausgearbeitet (Inclusion Europe 2009a, Iff.). Inclusion Europe ist eine gemeinnützige Organisation, die sich auf europäischer Ebene für die Rechte und Belange von Menschen mit Lernschwierigkeiten und deren Familien einsetzt (vgl. ebd. 2010a, o.S.). Das Thema „Leichte Sprache" ist auch für Inclusion Europe ein wichtiges Anliegen. So entwickelte die Organisation ein Symbol (siehe Abbildung 3, S. 36), das leicht lesbare/ verständliche Texte kennzeichnen soll. Die Kennzeichnung anhand des Symbols ist nach Inclusion Europe jedoch erst dann vorzunehmen, nachdem der betreffende Text von einem Menschen mit Lernschwierigkeiten auf leichte Sprache überprüft und als leicht verständlich empfunden wurde. Inclusion Europe sieht Menschen mit Lernschwierigkeiten als Experten in eigener Sache und arbeitet daher stets eng mit ihnen zusammen (vgl. ebd. 2010b, o.S.).

Abb. 2: Stoppschild „Leichte Sprache" (entnommen aus: Mensch zuerst 2010, o.S.)

Abb. 3: Symbol „Leichte Sprache" (entnommen aus: Inclusion Europe 2009c, o.S.)

Öffentlichkeitsarbeit

Trotz der soeben aufgeführten Vereine und Organisationen, die sich in einem hohen Maße für Leichte Sprache einsetzen sowie die Bekanntmachung des Konzepts durch verschiedene Aktionen forcieren, ist der diesbezügliche Informationsstand noch sehr gering. Auf Forderungen nach einer Nutzung einer leichteren Sprache wird sowohl in öffentlichen als auch in wissenschaftlichen Bereichen, aber auch in Behindertenverbänden kaum eingegangen. So kommentiert Neubert im Hinblick auf eine barrierefreie Kommunikation und Information: „Dieses Thema ist sehr wichtig, aber findet in der Bevölkerung und der Gesellschaft leider viel zu wenig Rückhalt und Resonanz." (Neubert 2004, 22) In Anbetracht des Personenkreises „Menschen mit Lese- oder Sprachschwierigkeiten", zu dem nicht nur Menschen mit Lernschwierigkeiten zählen, sondern auch Erwachsene mit Analphabetismus (ab dem 15 Lebensjahr ca. 6,3 %), Menschen mit einer sogenannten Lese-Rechtschreibschwäche (ca. 10%) und eine Vielzahl von Menschen mit Migrationshintergrund (vgl. Hellbusch 2005, 20), wird die Relevanz und die Notwendigkeit einer intensiveren Verbreitung des Leichte Sprache Konzepts jedoch deutlich. Es bedarf demnach einer „allgemeine[n] Aufklärungsund Sensibilisierungsarbeit" (Blaha 2009, 17) - der verstärkten Öffentlichkeitsarbeit hinsichtlich dieser Thematik. Um möglichst viele Menschen zu erreichen, wäre eine Verbreitung des Konzepts Leichte Sprache über Medien wie Fernsehen, Radio, Internet oder Presse eine sinnvolle Vorgehensweise. Durch u.a. Diskussionen, Informationen und Interviews kann zum einen ein Bewusstsein für den Gebrauch einer einfachen Sprache erreicht, zum anderen aufgezeigt werden, welche Zugangsmöglichkeiten sie den betroffenen Menschen eröffnet. Besonders Menschen mit Lernschwierigkeiten selbst (Einzelpersonen oder Selbstvertretungsgruppen) sollten verstärkt in die Öffentlichkeitsarbeit mit einbezogen werden bzw. an die Öffentlichkeit treten. Denn nur sie als Experten in eigener Sache können veranschaulichen, welche Schwierigkeiten kompliziert dargestellte Inhalte ihnen bereiten und welche Vorteile ihnen eine verständliche Sprache bringt. Sie sollten zudem auf bereits errungene Fortschritte im Hinblick auf die Umsetzung von Leichter Sprache hinweisen, da eine Darstellung positiver Beispiele in der Öffentlichkeit laut Degener und Dick (vgl. 2003, 162) besonders wichtig ist - vor allem Betroffene werden hierdurch dazu animiert weiter für ihre Belange, Rechte und Anliegen zu kämpfen. Engagement und eine verstärkte Öffentlichkeitsarbeit durch Menschen mit Lernschwierigkeiten könnten weiterhin in der Bevölkerung vorhandene Vorurteile abbauen (vgl. Terfloth 2005, 239ff.).

Um über Leichte Sprache und eigene Erfahrungen sprechen zu können, müssen Menschen mit Lernschwierigkeiten jedoch oftmals zunächst selbst an das Konzept der Leichten Sprache sowie die Idee der Selbstbestimmung und -vertretung herangeführt werden (vgl. Theunissen 2006, 30). Aufgrund unzureichender Informiertheit und der immer noch vorherrschenden Machtausübung vieler Einrichtungen und Fachkräfte, weiß ein Großteil der Menschen mit Lernschwierigkeiten nicht um sein Rechte oder andere Selbstverwirklichungsmöglichkeiten. Einrichtungen und Fachkräfte müssen demnach ebenfalls über das Leichte Sprache Konzept informiert sowie dafür sensibilisiert werden und es als elementares Instrument zur Ermöglichung von Teilhabe für Menschen mit Lernschwierigkeiten anerkennen. So können sie die Betroffenen z.b. an Selbstvertretungsgruppen oder Betroffenen-Beratungen (Peer-Couseling - Beratung Betroffener durch Betroffene) verweisen oder auf in einer leichten Sprache verfasste Informationsquellen (u.a. Faltblätter, Internetseiten) aufmerksam machen, die über Konzepte wie das der Leichten Sprache informieren und aufklären (Miles-Paul 2006, 3 Iff.).

Eine intensive Öffentlichkeitsarbeit z.b. in den Medien, in Organisationen des öffentlichen Lebens, bei Trägern der Behindertenhilfe oder in Bildungseinrichtungen, ist also dringend notwendig, um eine Verbreitung, Bewusstseinsbildung, Änderung alter Gedankenmuster und Anerkennung des Konzepts Leichte Sprache zu erreichen und „um unseren Wohn-, Stadt- und Lebensraum [langfristig] barrierefrei und für alle Menschen nutzbar zu machen [...]." (Blaha 2009, 17)

2.3 Methoden und Regelungen

Das Konzept der Leichten Sprache ist eine Methode, um leicht lesbare Dokumente anzufertigen. Laut Bamberger und Vanecek (1984, 19) ist das Kriterium „Lesbarkeit" abhängig von drei sich wechselseitig beeinflussenden Faktoren: dem *Leserfaktor*, der *inhaltlichen Schwierigkeit* und der *Textgestaltung*. Diese drei Faktoren können als Orientierungspunkte zur Herstellung eines leicht lesbaren Dokuments betrachtet werden und dienen im Folgenden zur Strukturierung. Die nachstehend aufgeführten Regelungen beziehen sich überwiegend auf schriftliche Dokumente. Sie schließen gesprochene Sprache jedoch nicht aus, sondern sollten in dieser ebenso Berücksichtigung finden.

2.3.1 Leserfaktor

Bedeutend für die Lesbarkeit von Texten sind die individuellen Charakteristika des Lesers wie beispielsweise Bildungsgrad, Vorwissen, Lesefertigkeit, Motivation und Interessen (vgl. Bamberger; Vanecek 1984, 20; Rickheit 1995, 19). Beim Verfassen eines Texts ist es von großer Relevanz, diese Eigenschaften zu berücksichtigen. Die Aufgabe des Autors besteht daher zunächst „in einer lesergruppenspezifischen Analyse, die im Besonderen das leserspezifische Vorwissen, bezogen auf bereits bestehendes Weltwissen und Lesekompetenz, beinhalten sollte." (Kupke; Schlummer 2010, 69) Um Diskriminierung und Benachteiligung zu umgehen, sollte eine Orientierung an der Adressatengruppe mit den geringsten Lesevoraussetzungen erfolgen. Es darf jedoch auch keine Unterforderung aufgrund zu geringer Leseanforderungen entstehen, da hierdurch die Lesemotivation vermindert würde (vgl. Wessels 2005, 231).

2.3.2 Inhalt

Der *inhaltliche Schwierigkeitsgrad* eines Schriftstücks ist nicht objektiv messbar, da er ebenfalls von persönlichen Faktoren (z.B. dem Alter und Erfahrungen) abhängt (vgl. Bamberger; Vanecek 1984, 50). Hinsichtlich der Anfertigung eines leicht lesbaren Texts ist eine inhaltliche Ausrichtung an den Eigenschaften der Adressatengruppe demnach von großer Wichtigkeit. Der Autor kann hierbei den Leitfragen „für wen schreibe ich und was ist für diese Person/ Gruppe interessant und bedeutsam" folgen. Für Menschen, die nicht so gut lesen können, kann es z.B. durchaus sinnvoller sein, den Inhalt größtenteils über Bilder zu vermitteln (vgl. Freyhoff et al. 1998, 11f.). Obwohl sich der inhaltliche Schwierigkeitsgrad nicht objektiv messen lässt, kann als Anhaltspunkt für inhaltliche Schwierigkeit jedoch die Faktendichte (Menge der Informationen) genannt werden (vgl. Bamberger; Vanecek 1984, 50). Je mehr Informationen der Text bzw. ein Satz enthält, desto schwieriger gestaltet er sich also inhaltlich. Weil Menschen mit Lernschwierigkeiten häufig Verstehens- und Gedächtnisprobleme aufweisen, sollte ein Satz nicht zu viele Informationen beinhalten. Wessels u.a. betont diesbezüglich, dass lediglich eine Aussage pro Satz auftreten sollte (vgl. Wessels 2005, 232; MAGFF 2008, 8ff.). Zur Veranschaulichung und als Unterstützungsinstrument in Bezug auf die Reduzierung der Faktendichte kann das Wörterbuch für Leichte Sprache herangezogen werden. Des Weiteren ist besonders im Hinblick auf Menschen mit Wahrnehmungsstörungen und eingeschränktem Kurzzeitgedächtnis eine klare, einfache und übersichtliche inhaltliche Strukturierung zu schaffen - der sogenannte rote Faden zu behalten. So wird der Inhalt als sinnvoll empfunden und kann durch den Leser leichter nachvollzogen werden (vgl. Freyhoff et al. 1998, 12; Fix 2003, 7).

Während das Schreiben über einfache und konkrete Sachverhalte häufig leicht fällt, gestaltet es sich, mit der Intention, dass jeder Adressat das Geschriebene versteht, bei abstrakten Thematiken als problematisch. Daher sollten sehr abstrakte Gedanken gemieden oder aber durch am Alltag der Lesergruppe orientierte Beispiele oder Vergleiche veranschaulicht werden, denn „praktische Beispiele können dabei helfen, daß Menschen abstrakte Begriffe verstehen und Informationen in Beziehung zu Situationen aus ihrem eigenen Leben setzen." (Freyhoff et al. 1998, 12) Weist ein Text eine hohe Informationsmenge auf (z.b. juristische Texte), gestaltet sich die Formulierung des Inhalts in eine leicht lesbare Form ebenfalls schwierig. Inhaltliche Einschränkungen zugunsten der Lesbarkeit sind hier vom Autor in Kauf zu nehmen. Der Verfasser eines leicht lesbaren Dokuments muss in dieser Situation „zwischen juristischer Exaktheit und leichter Verständlichkeit für die Zielgruppe ein Kompromiss [..] suchen" (Fix 2003, 6). Wessels (vgl. 2005, 232) fügt ergänzend hinzu, dass der Fokus stets auf der Funktion eines Texts liegen und als Kriterium dienen sollte.

2.3.3 Textgestaltung

Leichte Sprache verfolgt das Ziel z.B. Informationen sprachlich einfach darzustellen. Sprachliche Einfachheit bedeutet, wie bereits erwähnt, jedoch nicht sich banal oder „kindlich", sondern entwicklungs- und altersgerecht auszudrücken (vgl. Freyhoff et al. 1998, 8). Im Folgenden soll erläutert werden, welche weiteren sprachlichen Aspekte mit besonderer Berücksichtigung des Personenkreises „Menschen mit Lernschwierigkeiten" auf der Wort-, Satz- und Textebene während des Verfassens eines leicht lesbaren Dokuments bedacht werden sollten:

Wortebene

In Bezug auf Menschen mit Lernschwierigkeiten kann zumeist von einem eingeschränkten, funktionalen und alltagsgebundenen Wortschatz sowie möglicherweise von Wahrnehmungsverarbeitungsstörungen ausgegangen werden (vgl. Wessels 2005, 233; Freyhoff et al. 1998, 9). Daher ist beim Verfassen eines Texts in leichter Sprache bezüglich dieser Zielgruppe die *Verwendung einfacher, alltagsnaher Wörter* besonders wichtig: Je geläufiger dem Lesenden ein Wort ist, umso verstehbarer ist es für ihn (vgl. Wessels 2005, 232). Auf diesem Weg trägt der Gebrauch bekannter Wörter sowohl zur Verkürzung des Lese- als auch zur Erleichterung des Verstehensprozesses bei. Eine Orientierung an alltäglichen Wörtern impliziert zumeist auch, dass *Fremd-*, sowie *Fachwörter möglichst gemieden* werden sollten. Es sei denn sie gehören zum Alltag der Zielgruppe (z.B. das Wort „Beat" bei Jugendlichen). Gestaltet sich die Nutzung von Fremd- oder Fachwörtern als unumgänglich, ist eine Erläuterung empfehlenswert (vgl. MAGFF 2008, 9; Freudenstein 2003, 103). Erklärungen sind ebenso im Hinblick auf *schwieri-*

ge Begriffe[3] wie beispielsweise „Verordnung", „inoffiziell" oder „chronisch" hinzuzufügen (vgl. Mensch zuerst 2008, 224). Um schwierige Wörter (wieder-)zu erkennen, kann u.a. eine farbliche Markierung erfolgen (vgl. Hellbusch 2005, S. 112)

Weiterhin beeinflusst die *Wortlänge* einen Text hinsichtlich seiner Verständlichkeit: So sind Wörter, die mehr als drei Silben aufweisen wie beispielsweise das Wort „Eisenbahnschiene" schwieriger zu begreifen (vgl. Wessels 2005, 233). Aus diesem Grund raten Freyhoff et al. (vgl. 1998, 13) lange Wörter, welche schwer les- und aussprechbar sind, bei der Erstellung eines leicht lesbaren Dokuments zu vermeiden. Das „Wörterbuch für Leichte Sprache" befürwortet im Hinblick auf längere Wortkonstruktionen eine Trennung durch einen Bindestrich (z.B. Bundes-Gleichstellungs-Gesetz).

Relevant bezüglich Leichter Sprache ist außerdem, dass der Autor stets *lediglich ein Wort zur Bezeichnung eines Begriffs* (Rechner, PC, ~~Computer~~), *aktive Wörter* („Morgen essen wir einen Kuchen" statt „Morgen wird ein Kuchen gegessen") sowie vermehrt *aktive Verben* an Stelle von substantivierten Verben (Nicht „Heute ist Ninas Geburtstagsfeier", sondern „Heute feiern wir Ninas Geburtstag") benutzt. Ein aktiver Wortschatz belebt sowie erleichtert eine schriftliche Ausarbeitung und kann sich zugleich positiv auf die Motivation des Lesers bzw. Zuhörers auswirken (vgl. u.a. Mensch zuerst 2008, 224; Hellbusch 2005, S. 113; Wessels 2005, 233).

Um einen Text auf der Wortebene leicht lesbar bzw. verstehbarer zu gestalten, sollte des Weiteren auf *Genitive, Konjunktive* sowie *Wortabkürzungen* verzichtet werden, da ihr Einsatz bei Menschen mit einem geringen Wortschatz Missverständnisse und Verwirrung auslösen könnte. Aus demselben Grund sollten Autoren eine *positive Sprache* gebrauchen, die Verneinungen und eine negative Sprache ausschließt (Vermeidung des Wortes „nicht" - Besser „Bernd ist gesund", als „Bernd ist nicht krank" schreiben). Ein positiver Sprachgebrauch erhöht zusätzlich die Lesemotivation und steigert den Lesefluss (vgl. Freyhoff et al. 1998, 13; Wessels 2005, 233; Mensch zuerst 2008, 225).

Letztendlich machen das Wörterbuch für Leichte Sprache sowie Freyhoff et al. (vgl. 1998, 14) darauf aufmerksam, dass - solange nicht in die Alltagssprache integriert - Redewendungen und bildlicher Sprache im Hinblick auf die Zielgruppe der Menschen mit Lernschwierigkeiten mit Vorsicht begegnet werden sollte, da sie diese falsch verstehen sowie wörtlich nehmen könnten (vgl. Mensch zuerst 2008, 226).

---

[3] Viele Erklärungen schwieriger Begriffe sind bereits in dem Wörterbuch für Leichte Sprache vorzufinden.

Ausschlaggebend für eine einfachere Verarbeitung eines Texts ist die Länge eines Satzes (vgl. Wessels 2005, 233): „Eine optimale Textverständlichkeit wird bei einer durchschnittlichen Satzlänge von ca. 10 Worten erreicht. Eine Satzlänge von 10 bis 15 Wörtern ist zu empfehlen; mehr als 20 Worte sollte kein Satz enthalten." (Hellbusch 2005, S. 113) Um also einen Text leicht verständlich zu gestalten, sollten *kurze Satzkonstruktionen* gebildet werden. Hierbei sind *Hauptsätze* Nebensätzen vorzuziehen, da Nebensätze als verwirrend empfunden werden könnten (vgl. Freudenstein 2003, 103f.; MAFGG 2008, 9 Hellbusch 2005, 114). Auch Satzzeichen wie beispielsweise Kommata oder Gedankenstriche sind im Rahmen Leichter Sprache für Menschen mit Lernschwierigkeiten überflüssig und sollten daher ausgelassen werden. Eine *einfache Zeichensetzung,* die z.b. Punkte am Satzende und Aufzählungszeichen (keine Aufzählungsstriche) beinhaltet, ist dementsprechend ausreichend (vgl. Wessels 2005, 233; Hellbusch 2005, 114).

In Bezug auf die *Gliederung der Sätze* unterstreicht Fix, dass das Subjekt („Der Mann") stets den Satz einleiten und auf das Geschehen („geht in den Zoo") - an zweiter Position - überleiten sollte. Durch einen einfachen Satzaufbau können Probleme in der syntaktischen Sprachentwicklung kompensiert werden (vgl. Fix 2003, 8; Wessels 2005, 233). Hiermit einhergehend lässt sich die Problematik des Gebrauchs von (kompliziert) verschachtelten Sätzen nennen: „[...] *Schachtelsätze verwirren.* Umklammerungen des Satzobjektes durch auseinander gerissene Verben setzen voraus, dass der Leser sich den Satzanfang so lange merken kann, bis das Satzende kommt." (Hellbusch 2005, S. 114)

Damit Sätze z.B. von Leuten mit beschränktem Kurzzeitgedächtnis leichter verstanden werden, können sogenannte *Redundanzen* (Informationswiederholungen) in den Text integriert werden. Enthält ein Text wenig Informationswiederholungen, erschwert er zum einen das sinnentnehmende Lesen und führt zum anderen bei ungeübten Lesern zu einer schnell eintretenden Niedergeschlagenheit und Kapitulation. Jedoch sollte in Bezug auf Wiederholungen auf die Häufigkeit der Verwendung geachtet werden, denn regelmäßige Informationswiederholungen können ebenso Desinteresse und Motivationslosigkeit auslösen (vgl. Wessels 2005, 233f.).

Ein leicht lesbarer Text sollte vor allem eine *übersichtliche Gliederung* und einen *logischen Aufbau* aufweisen. Diese Aspekte bieten dem Lesenden eine Orientierung, tragen zur Motivation bei und erhalten vor dem Hintergrund, dass leicht lesbare Dokumente u.a. aufgrund der zusätzlichen Erklärungen und Beispiele zumeist an Länge zunehmen, eine besondere Bedeutung. Wessels (2005, 234) spricht diesbezüglich von einer „leserfreundlichen Struktur", in der die wichtigsten Informationen zu Beginn dargestellt und im weiteren Verlauf nochmals näher beschrieben werden. Im Hinblick auf eine übersichtliche Gliederung und einen logischen Aufbau helfen zudem „Gliederungssignale wie *Überschriften, Nummerierungen, Aufzählungszeichen oder Grafiken*." (Wagner; Kämpf de Salazar 2004, 211) Querverweise hingegen gestalten sich als kontraproduktiv und sind zu meiden (vgl. Mensch zuerst 2008, 232).

Um einen stärkeren Leserbezug herzustellen, sollte ein Autor seine *Lesergruppe direkt und persönlich*, jedoch auf formelle Art *ansprechen* (z.B. **Sie** haben das Recht auf..). Die Form des Duzens ist lediglich nach Absprache mit dem Leser, bei Kindern oder bei persönlichen Bekannten zu verwenden (vgl. ebd.; Freyhoff et al. 1998, 13).

Äußere Textgestaltung

Nicht nur die zuvor genannten sprachlichen Aspekte beeinflussen die Lesbarkeit und Verständlichkeit eines Dokuments, sondern auch dessen äußere Gestaltung. Damit ein Text leicht wahrgenommen werden kann, sollten seine äußeren Merkmale folgendermaßen dargeboten werden:

Schrifttyp: Für eine Darstellung in leichter Sprache wird die Verwendung von Groteskschriften - serifenlose Schriftarten, wie beispielsweise Arial, Tahoma, Verdana, Century Gothic - empfohlen. Diese seien deutlich und einfach zu lesen (vgl. Mensch zuerst 2008, 236; MAGFF 2008, 10). Zwar geht aus der Literatur hervor, dass Serifenschriften (u.a. Times New Roman) die optische Augenführung erleichtern und somit zu einer besseren Lesbarkeit des Texts beitragen. Letztendlich spielt jedoch ebenfalls der Grad der Vertrautheit mit der jeweiligen Schriftart eine wichtige Rolle (vgl. Ziefle 2002, 21f.; Bamberger; Vanecek 1984, 52) und laut Wessels (2005, 234) hat sich „das Leseverhalten in den letzten Jahren in Richtung Grotesk-schiften geändert." Zudem sollte der Schrifttyp innerhalb des gesamten Texts nicht wechseln, denn „zu viele Schriftarten verwirren." (Mensch zuerst 2008, 236)

Schriftgröße: Die Schriftgröße „sollte der Verwendungssituation (z.B. Lesedistanz) und der Zielgruppe angemessen sein." (Wessels 2005, 234) Für Menschen mit Lernschwierigkeiten oder Menschen mit Lese-, Seh- oder Verständnisproblemen ist mindestens die Schriftgröße 14 auszuwählen (vgl. Freyhoff et al. 1998, 17; Mensch zuerst).

Wortabstand: „Der Abstand zwischen zwei Wörtern hat Einfluss auf die Worterkennung (abgrenzen einzelner Wörter, bzw. Zeilenführung)." (Wessels 2005, 235) Sinnvolle Maßstäbe für Wortabstände sind zumeist bereits in Textverarbeitungsprogrammen (z.b. Microsoft Word) festgelegt. Eine weitere Spationierung (Abstand zwischen Wörtern) kann bei ungeübten Lesern vorgenommen werden. Dies erleichtert die Erfassung von Wortgrenzen. Innerhalb des Texts sollte der gewählte Wortabstand jedoch nicht geändert werden, da ansonsten der Lesefluss behindert würde (vgl. ebd.).

Worttrennungen: Worttrennungen am Zeilenende tragen einerseits zu einer einheitlichen und gut erfassbaren Zeilenlänge bei, unterbrechen jedoch andererseits den Lesefluss. Hier ist vom Autor ein Kompromiss zu finden. Im Hinblick auf Menschen mit Lernschwierigkeiten wird von einer Trennung abgeraten, um eine ganzheitliche Worterfassung zu gewährleisten (Freyhoff et al. 1998, 17; Mensch zuerst 2008, 233).

Zeilenlänge und -abstand: Schwierig gestaltet sich die Lesbarkeit bei zu kurzen oder zu langen Zeilen. Durch zu lange Zeilen ist der Anfang der neuen Zeile schwerer zu finden. Zudem können zu lange Zeilen schlecht fixiert werden, wohingegen zu kurze Zeilen hohe Fixationszeiten erfordern. Die optimale *Zeilenlänge* liegt demnach in der goldenen Mitte (ca. 10 cm lang) (vgl. Ziefle 2002, 22). Von Mensch zuerst wird im „Neuen Wörterbuch für Leichte Sprache" die Relevanz hervorgehoben, jeden neuen Satz in einer neuen Zeile zu beginnen. Auch Freyhoff et al. sprechen sich für diese Methode aus und fügen ergänzend hinzu: „Wenn dies nicht möglich ist, versuchen Sie einzelne Satzteile in einer Zeile unterzubringen oder den Satz dort auf einzelne Zeilen umzubrechen, wo gewöhnlich Sprechpausen gemacht werden [...]." (Freyhoff et al. 1998, 17) Die Zeilenlänge eines Dokuments bestimmt zugleich den *Zeilenabstand:* Je kürzer die Zeilen, umso weniger Abstand kann zwischen den Zeilen gehalten werden; Je länger die Zeilen, umso größer muss der Abstand ausfallen (vgl. Wessels 2005, 235). Bezüglich der Leserzielgruppe „Menschen mit Lernschwierigkeiten" wird geraten, einen 1,5-fachen Zeilenabstand einzurichten (MAGFF 2008, 11; Mensch zuerst 2008, 235).

Absätze: Sie tragen zu einer inhaltlichen sowie thematischen Gliederung eines Texts bei - es sollten daher zahlreiche Absätze eingerichtet werden. Dabei ist seitens des Autors darauf zu achten, dass ein Absatz lediglich einen Gedankengang beinhaltet und weder zu lang (erzeugt Verständnisprobleme) noch zu kurz (hemmt den Gedankenfluss) ausfällt (vgl. Wessels 2005, 237). Die einzelnen Absätze sind durch einen deutlich wahrnehmbaren Zeilenabstand zu kennzeichnen, denn „Leerräume helfen Nutzern mit Leseschwierigkeiten zum nächsten Punkt zu gelangen." (Hellbusch 2005, S. 114 f.) Wessels (vgl. 2005, 237) zufolge ist ein Seitenwechsel innerhalb eines Absatzes aufgrund der Möglichkeit des Verlustes des Sinnzusammenhangs unvorteilhaft und zu vermeiden. Diesen Gedanken führen Freyhoff et al. weiter aus, indem sie anregen, eine Seite nicht mit zu vielen Absätzen zu versehen: „Füllen Sie das Blatt nicht mit zu viel Information. [.] Wenn der Text eine neue Idee vorstellt, erwägen sie eine neue Seite zu beginnen." (Freyhoff et al. 1998, 17)

Textausrichtung: Für Leser mit wenig Leseerfahrung ist es sinnvoll, den Schriftsatz linksbündig anzuordnen - hierdurch ist ein gleichmäßiger Wort- und Buchstabenabstand sowie ein „ausgefranster" rechter Rand gegeben. Diese Eigenschaften vereinfachen das Lesen der einzelnen Textspalten. Von einer Verwendung des Blocksatzes hinsichtlich Menschen mit Lese- und Verständnisschwierigkeiten wird abgeraten, da diese Textausrichtungsart eine hohe Lesegeschwindigkeit sowie Silbentrennungen am Ende der Sätze erfordert (siehe Stichpunkt „Worttrennungen") (vgl. Wessels 2005, 236; Freyhoff et al. 1998, 18).

Texthervorhebungen: Mit Hilfe von Texthervorhebungen kann auf die wichtigsten Informationen oder Wörter eines Texts aufmerksam gemacht werden. Einwandfrei lesbar sind sowohl unterstrichene als auch **fett markierte** Schriften. Jedoch sollten sie lediglich zur Markierung dienen „[...] für längere Textpassagen sind sie nicht geeignet." (Hellbusch 2005, 116) Mensch zuerst (vgl. 2008, 283) betrachtet ferner Satzumrahmungen, andere Schriftfarben, farbliche Texthinterlegungen sowie Aufzählungspunkte als Möglichkeiten der Hervorhebung und Kennzeichnung z.B. sprachlich schwieriger Wörter oder Überschriften. Aufgrund der leichteren Differenzierbarkeit sollten Überschriften mindestens eine Schriftgröße größer (Punkt 15) als der Grundtext sein. Kursive Grundschrift sowie Großbuchstaben sind zu vermeiden (vgl. MAGFF 2008, 10; Freyhoff et al. 1998, 17).

Zahlen und Sonderzeichen: In Bezug auf Zahlen und Sonderzeichen sind diverse Regelungen zu beachten, durch die eine leichtere Lesbarkeit innerhalb eines Dokuments erreicht werden kann. Um den Leseprozess von Zahlen zu leichter zu gestalten, sollten arabische Ziffern benutzt werden, da die römische Schreibweise schwerer zu verstehen ist. Auf welche Art und Weise Daten (28. Mai 2010 oder 28.05.2010), Uhrzeiten (u.a. 11.00 Uhr oder 11 Uhr möglich) sowie Zeitangaben (z.B. am Ende vom Monat oder am 31. Dezember) dargestellt werden, ist nach Mensch zuerst (vgl. 2008, 277ff.) individuell mit dem TextPrüfenden zu vereinbaren. Abstrakte Angaben können anhand von Vergleichen und/ oder Beispielen verdeutlicht werden. So lässt sich beispielsweise die Darstellung „15.382 Millionen Menschen" durch die Bezeichnung „viele Menschen" oder die Angabe "im Jahre 1755" durch die Einleitung „vor langer Zeit" ersetzen. Telefonnummern sind besser erkennbar, wenn die Zahlen aufgegliedert dargestellt und durch Leerzeichen getrennt werden (z.B. 0 51 28 - 12 55 56). Vermieden werden sollten Sonderzeichen wie Anführungsstriche, Prozentzeichen oder Klammern etc. Lassen sich Sonderzeichen nicht umgehen, müssen sie in verständlicher Form erläutert werden. So lässt sich z.b. das Sonderzeichen „Paragraph wie folgt umschreiben:

„Ein Paragraf ist ein Teil in einem Gesetz.

Das Zeichen für Paragraf ist: §

Jeder Paragraf hat eine Nummer." (Mensch zuerst 2008, 229)

Abbildungen: Durch Abbildungen lässt sich Sprache veranschaulichen und besser verstehen. Freyhoff et al. (vgl. 1998, 15) betonen, dass aus diesem Grund in jedes leicht lesbare Dokument informations-/ inhalts- und verständnisunterstützend(e) Abbildungen wie z.b. Fotos, Symbole und Clip-Arts zu integrieren sind. Zudem können Illustrationen „[...] auch denjenigen eine Botschaft vermitteln, die nicht lesen können und das Verständnis derer vergrößern, die dazu in der Lage sind." (ebd.) Abbildungen dienen demnach ebenfalls als wichtige Informationsquellen[4], die stets auf den jeweiligen Text abgestimmt werden sollten (vgl. Mensch zuerst 2008, 239). Welche Funktion einem Bild zukommt - die Funktion der Unterstützung einer im ausformulierten Satz enthaltenen Information oder die der alleinigen Informationsquelle ohne geschriebene Sprache -, hängt von den Bedürfnissen der jeweiligen Zielgruppe ab. Sie sollte daher gefragt werden, „[...] ob die Illustrationen ihr Verständnis der Information, die Sie vermitteln wollen, vergrößern." (Freyhoff et al. 1998, 16)

Fotos sind beispielsweise ein sinnvolles Medium zur Veranschaulichung von Personen (z.B. mögliche Ansprechpartner) oder Orten (vgl. Freyhoff et al. 1998, 16). „Der Vorteil von Fotos ist, dass sie vom Leser weniger Abstraktionsfähigkeit erfordern als Schrift oder Symbole." (Wessels 2005, 236) Das Einbringen vertrauter Fotos aus der Zielgruppe (bekannte Personen, Arbeitsstätte etc.), kann die Lesemotivation zusätzlich positiv beeinflussen. Außerdem besteht die Möglichkeit, ein für Menschen mit Lernschwierigkeiten bekanntes *Symbolsystem* (u.a. Piktogramme) zu verwenden. Symbole stellen eine abstrahierte Form der Kommunikation dar und bestehen zumeist aus simplen Linienzeichnungen, die Aktionen, Objekte oder Gedanken abbilden. Anhand von Symbolen lassen sich vollständige Sätze bilden. Sollten die im Text angesprochenen Leser mit keinem Symbolsystem vertraut sein, kann der Gebrauch von Abbildungen wie beispielsweise *„Clip-Arts"* einen zusätzlichen Beitrag bezüglich des Verstehens von Texten leisten (vgl. Freyhoff et al. 1998, 16).

---

[4] Die Annahme, dass u.a. auch Bildern Informationen entnommen werden können, wird in der Heilpädagogik unter der Idee des erweiterten Lesebegriffs erforscht (vgl. Rittmeyer 1993, 9f.).

Die herangezogenen Abbildungen sollten scharf sowie gut zu erkennen sein und nicht als Hintergrund verwendet werden. Für gleiche Sachverhalte sind grundsätzlich die gleichen Illustrationen abzubilden (vgl. Mensch zuerst 2008, 239; Inclusion Europe 2009a, 12; 22).

Papier: Die Papierwahl hat einen wesentlichen Einfluss auf die Lesbarkeit eines Dokuments. Hier empfiehlt es sich, auf mattes weißes bzw. helles Papier zurückzugreifen, denn es spiegelt nicht (so wie glänzendes Papier) und bietet einen guten Kontrast zu dunkler Schrift. Auch auf die Dicke des Papieres sollte geachtet werden. Mensch zuerst (vgl. 2008, 283) verdeutlicht, dass ein Papier mindestens die Stärke 80 Gramm besitzen sollte, da ansonsten der Text der Rück- oder Folgeseiten durchdruckt bzw. durchscheint und das Lesen erschwert. Im Hinblick auf die *Papierseitenränder* lässt sich festhalten, dass mit dem Ziel der leichteren Lesbarkeit sowohl auf der linken als auch auf der rechten Seite eines Dokuments ausreichend Platz vorhanden sein muss (Wessels 2005, 238).

Auf den letzten Seiten eines Dokuments ist eine Auflistung hilfreicher *Kontaktadressen* sinnvoll, die wie auf einem Briefumschlag über mehrere Zeilen (1.Zeile: Vorname, Name; 2. Zeile: Straße/ Hausnummer; 3.Zeile: Postleitzahl/ Ort) dargestellt werden sollte, „da so das Abschreiben unterstützt wird." (Hellbusch 2005, S. 114)

3 Leichte Sprache in der praktischen Umsetzung

3.1 Schritte zur Erstellung eines leicht lesbaren Dokuments

Langer et al. (vgl. 2006, 18) weisen darauf hin, dass ein Autor vor dem Verfassen eines leicht verständlichen Texts die folgenden Überlegungen anstellen sollte: In welcher Situation befindet sich meine Zielgruppe, welche Vorerfahrungen prägen sie und was fällt ihr schwer? Falls die von mir angesprochene Personengruppe mich nicht versteht, bin ich in der Lage, den Grund dafür bei mir zu suchen und meine gewählten Worte nochmals zu überarbeiten? Bin ich selbstbewusst genug, meine Gedanken und Ideen auf eine leichte Art und Weise darzulegen auch, wenn mir aus diesem Grund andere Menschen meine sprachlichen Kompetenzen absprechen? Die Auflistung dieser Fragen demonstriert die Notwendigkeit einer intensiven Auseinandersetzung sowohl mit der Zielgruppe, als auch mit der eigenen Person. Zudem muss vorab geklärt werden, ob ein schwer verständlicher Text in eine leichte Sprache übersetzt oder ein insgesamt neuer Text formuliert wird (vgl. Freyhoff et al. 1998, 11). Fix (2003, 9) zufolge gliedert sich ein Formulierungsprozess in drei Phasen: Der Vorbereitungsphase, der Entwurfs- und der Überarbeitungsphase. Diese Phasen sollen im Folgenden anhand des von Freyhoff et al. (1998, 11f.) entwickelten Sechs-Schritte-Modells zur Gestaltung leicht lesbarer Dokumente, das insbesondere ungeübten Autoren einen diesbezüglich sinnvollen Leitfaden bieten kann, kurz dargestellt werden:

<u>Vorbereitungsphase:</u>

- Schritt 1 : Ziel der Publikation
  - o Was soll geschrieben werden und inwiefern ist das Geschriebene wichtig für die Zielgruppe?
- Schritt 2: Inhalt der Publikation (Stets in Ab- bzw. Rücksprache mit der Zielgruppe) Anfertigung einer Liste der wichtigsten Schlüssel- bzw. Hauptaussagen der Publikation, in welcher:
  - o die für die Zielgruppe relevantesten Stellen herausgefiltert und aufgeführt sind;
  - o die wichtigsten Gedanken in jeweils ein oder zwei Sätze zusammengefasst zu finden sind;
  - o Kriterien eines strukturell logischen Aufbaus berücksichtigt wurden (wichtige Aussagen zu Beginn, Erläuterung der Hauptthesen durch die nachstehenden Textabschnitte);
  - o keine für die Zielgruppe unbedeutenden Informationen mehr stehen.

<u>Entwurfsphase:</u>

- Schritt 3: Entwicklung des Texts
  - o Formulierung des Texts anhand der Schlüsselaussagen und unter Berücksichtigung der im Kapitel 2.3 aufgeführten Kriterien Leichter Sprache.

<u>Überarbeitungsphase:</u>

- Schritt 4: Überprüfung des Texts durch die Zielgruppe
  - o Gesprächsführung mit den Kontrolllesern über Probleme und Unverständlichkeiten.
- Schritt 5: Ergänzung des Texts
  - o In diesem Schritt sind die Anmerkungen der Kontrollleser (siehe auch Kapitel 3.2) sowie ergänzende und hilfreiche Illustrationen in den Text einzubauen.
- Schritt 6: Nochmalige Überprüfung des Texts durch die Zielgruppe
  - o Die aus dem fünften Schritt resultierende Textversion sollte nochmals überprüft, besprochen und gegebenenfalls überarbeitet werden.

Freyhoff et al. raten davon ab, bei der Verwendung der oben stehenden Schritte zu dogmatisch vorzugehen. „Die Erstellung einer Veröffentlichung ist ein kreativer Prozeß und daher sollten die Autoren, Herausgeber, Illustratoren und Fotografen nicht zu sehr durch Einschränkungen behindert werden." (Freyhoff et al. 1998, 11) Die von Freyhoff et al. entwickelten Richtlinien sind daher so ausgearbeitet, dass sie lediglich auf die wichtigsten Aspekte zur Erstellung eines leicht lesbaren Dokuments aufmerksam machen und trotzdem genügend Raum für Kreativität bieten.

Regeln und Leitlinien können ohnehin nur als „Hilfsmittel" (Hellbusch 2005, 339) dienen - Eine größere Bedeutung ist der Zielgruppe zuzusprechen.

3.2 Zur Rolle der Verständniskontrolle durch Menschen mit Lernschwierigkeiten

„ Wenn Sie wissen wollen, ob die Menschen Ihren Text verstehen, dann fragen Sie die Menschen. Fragen Sie uns Menschen mit Lernschwierigkeiten. " (Ströbl 2008, 5)

Wie bereits erwähnt bedürfen Menschen mit Lernschwierigkeiten nicht nur Informationen, die leicht zu lesen, sondern auch einfach zu verstehen sind. Um die Zugänglichkeit von Informationen zu gewährleisten, ist es daher dringend erforderlich die Zielgruppe „während des ganzen Prozesses der Erstellung des Texts und bis hin zur endgültigen Gestaltung" (Freyhoff et al. 1998, 7f.) - als Experten in eigener Sache - mit einzubeziehen und um Rat zu fragen, denn nur die Zielgruppe selbst kann entscheiden, ob ein Text gut oder weniger gut zu verstehen ist (vgl. Reiter 2010, o.S.; Hellbusch 2005, 338). Die Wichtigkeit einer Teilnahme an sämtlichen Prozessschritten verdeutlichen auch Menschen mit Lernschwierigkeiten selbst, indem sie z.B. im Rahmen des Erwachsenenbildungsprojekts Pathway fordern: „Schreiben Sie nichts ohne uns!" (Inclusion Europe 2009b, 1) Innerhalb dieses Projekts wurde eine Broschüre mit Ratschlägen für Fachleute bezüglich der erfolgreichen Einbeziehung von Menschen mit Lernschwierigkeiten in den Schreib- und Überarbeitungsprozess ausgearbeitet. Sie leistet so einen wesentlichen Beitrag zur Veranschaulichung der Rolle des Personenkreises Menschen mit Lernschwierigkeiten. Die wichtigsten Aspekte dieser Broschüre sind daher nachstehend zu finden und gelten sowohl im Hinblick auf die Übersetzung eines Dokuments in leichtere Sprache als auch hinsichtlich des Verfassens eines Texts:

Allgemein lässt sich festhalten, dass das Erstellen eines leicht lesbaren Dokuments einen hohen zeitlichen Aufwand erfordert. Insbesondere im Hinblick auf die Zusammenarbeit mit Menschen mit Lernschwierigkeiten ist von einem langsameren Vorankommen auszugehen.

Aus diesem Grund sollte der Autor grundsätzlich für den gesamten Erstellungsprozess zeitliche Verzögerungen einplanen (ebd., 6). Weiterhin ist es notwendig sich im vorab zu vergewissern, ob die am Prozess Beteiligten um ihre eigene Rolle (Experten in eigener Sache), die eigene Aufgabe (das Überprüfen) und den geplanten (Prozess-)Ablauf (z.B. die Orientierung an den sechs Schritten nach Freyhoff et al.) wissen. In Bezug auf die eigene Rolle ist beispielsweise das Wissen darüber wichtig, dass Schwierigkeiten beim Lesen eines Texts nicht auf persönliche (Un-)Fähigkeiten zurückzuführen sind, sondern auf den Text an sich: „Wenn Sie etwas nicht verstehen, dann sind Sie nicht dumm. Wenn Sie etwas nicht verstehen, ist der Text nicht gut." (Mensch zuerst 2008, 241) Des Weiteren sollten die Möglichkeiten hinsichtlich der Überprüfung von leicht lesbaren Dokumenten bekannt sein oder gegebenenfalls erklärt werden. Korrekturleser können beispielsweise unverständliche Sätze oder Wörter farblich oder anhand von Symbolen, wie z.B. lachende/ traurige Smileys kennzeichnen. Ferner besteht die Möglichkeit, das Dokument schriftlich oder mündlich zu kommentieren sowie Fragen bezüglich des Inhalts zu stellen (vgl. ebd., 242). Die Prüfenden müssen sich zudem darauf einstellen, inhaltliche Fragestelllungen zu beantworten, da die Zugänglichkeit eines Dokuments auf diese Art und Weise besonders gut ermittelt werden kann. Gelingt es dem Prüfenden nicht, die ihm gestellten Fragen zu beantworten, ist der Text (immer noch) unverständlich und muss vom Autor optimiert werden. Während der Überarbeitung des Dokuments sind die aus der Überprüfung hervorgehenden Wünsche und Kommentare der Prüfer zu berücksichtigen. Ist die Umsetzung eines Kommentars nicht möglich, weil es sich beispielsweise bei dem kritisierten Wort um den Eigennamen einer Organisation handelt, sollte dem Prüfenden diese Problematik erläutert werden, um zu einer einvernehmlichen Lösung zu gelangen (z.B. eine Erklärung des Wortes im Text) (vgl. Inclusion Europe 2009b, 9f.).

In die Prüfung mit einbezogen werden sollten nicht nur einzelne - mit dem Prüfen vertraute - Personen, sondern auch Gruppen, die noch nie einen Text auf leichte Sprache geprüft haben. Zudem sind ebenfalls in Bezug auf die Verständlichkeit des Texts Menschen mit unterschiedlichen Fähigkeiten und Erfahrungen für eine Überprüfung heranzuziehen. Die Prüfenden müssen sich dabei bewusst werden, dass sie nicht nur für sich, „[...] sondern stellvertretend für einen bestimmten Kreis behinderter Menschen" (Hellbusch 2005, 340) prüfen.

Damit die Arbeit und die wichtige Rolle der an der Überprüfung Beteiligten honoriert wird, sollten diese auf dem vollendeten Exemplar z.B. durch den Satz „Diesen Artikel in leichter Sprache hat (Name) überprüft" Erwähnung finden. Solch eine Aktion veranschaulicht ferner, dass Menschen mit Lernschwierigkeiten, als Experten in eigener Sache, die „[..] selbst am besten [wissen], was sie brauchen" (Inclusion Europe 2009b, 9), in ihrem Handeln und Agieren akzeptiert werden und ihre Rolle als solche verinnerlicht wurde. Auf diese Art und Weise kann eventuell ebenfalls ein positives Bild von Menschen mit Lernschwierigkeiten nach außen in die Gesellschaft getragen werden.

3.3 Praxisbeispiel zu Leichter Sprache anhand einer eigenen Übersetzung

Die sich im Anhang befindende Übersetzung (siehe Anhang 2) des Onlineartikels „Kampagne für barrierefreie Bahnhöfe" (vgl. Schmahl 2010b, o.S.) (siehe Anhang 1) soll zur Veranschaulichung des Konzepts Leichter Sprache dienen. Sie erfolgte in Anlehnung an die im Kapitel 2.3 dargestellten Regelungen und Techniken Leichter Sprache. Zudem wurden die sechs Schritte zur Erstellung eines leicht verständlichen Dokuments von Freyhoff et al. als Leitfaden verwendet. Aufgrund der Wichtigkeit einer Einbeziehung von Menschen mit Lernschwierigkeiten als Experten in eigener Sache, fanden mehrere Überprüfungen des übersetzten Texts hinsichtlich Kriterien Leichter Sprache durch drei Mitarbeiter des Vereins Mensch zuerst statt. Mit den prüfenden Mitarbeitern erfolgte ebenso bereits im Vorfeld eine Absprache bezüglich Herkunft und Thematik des übersetzten Artikels, um deren Interessen und Erfahrungen berücksichtigen zu können (vgl. Freyhoff et al. 1998, 11). Die Wahl fiel letztendlich auf einen Artikel der Internetseite „kobinet - Nachrichten für Menschen mit Behinderung", mit der Intention die dort veröffentlichte(n) Nachricht(en) allen Menschen - auch Menschen mit Lernschwierigkeiten - zugänglich zu machen.

Die vorliegende Übersetzung wurde unter besonderer Beachtung folgender Grundregel des Wörterbuchs für Leichte Sprache erstellt:

> Sie dürfen einen Text beim Schreiben in leichter Sprache verändern. Inhalt und Sinn müssen aber stimmen. Zum Beispiel: Sie dürfen Erklärungen zum besseren Verstehen schreiben. Sie dürfen Hinweise geben. Sie dürfen Beispiele schreiben. Sie dürfen die Reihenfolge ändern. Sie dürfen das Aussehen ändern. Sie dürfen alle Teile vom Text weg lassen, die für die Leser und Leserinnen nicht wichtig sind. (Mensch zuerst 2008, 232)

3.4 Reflexion der eigenen Übersetzung

„ Wer übersetzt, nimmt sich vor, das Gleiche anders zu sagen. " (Frey 2005, 39)

Insgesamt lässt sich die in Kapitel 3.2 getroffene Aussage bestätigen, dass eine Übersetzung eines schwer verständlichen Dokuments in eine leicht verständliche Form einen langen Vorbereitungs-, Ausarbeitungs- und Überarbeitungsprozess darstellt, für den stets ausreichend Zeit eingeräumt werden sollte. So lässt sich beispielsweise das Herausfiltern der einzelnen Schlüsselwörter aus dem Ausgangsartikel sowie die anschließende Gestaltung und Formulierung der eigenen Übersetzung für einen ungeübten Übersetzer als recht zeitaufwendig festhalten. Da hier bereits die erste Version des übersetzten Texts von den konsultierten Überprüfern als sehr verständlich und den Kriterien der Leichten Sprache entsprechend bewertet wurde, nahmen Überarbeitungs- und Vollendungsschritte weniger Zeit in Anspruch - von solch einem gelungenen Vorgang kann jedoch nicht immer ausgegangen werden. Im Hinblick auf die Überprüfung des Inhalts und der Zugänglichkeit des übersetzten Artikels standen offene Fragen wie „weshalb findet die Kampagne ‚Markus macht mobil' statt?" im Vordergrund, da geschlossene Fragen selten zu einer Klärung bezüglich der Verständlichkeit führen (vgl. Inclusion Europe 2009b, 11). Die Bewertung bezüglich des Adjektivs „leicht" ist von unterschiedlicher bzw. individueller Natur - die persönlich als leicht empfundene Wortwahl im Text, kann von den Überprüfenden als schwer verständlich oder schwer lesbar eingestuft werden. Dementsprechend wurde z.b. das zunächst im zweiten Absatz verwendete Wort „berichten" durch das leichter empfundene Wort „sagen" ersetzt. Auch das Wort „Hindernisse", welches eingangs anhand eines Beispiels erläutert wurde, führte am Ende des Texts wieder zu Hinterfragungen. Da eine alternative Verwendung des Begriffs (z.b. Barriere) jedoch ebenfalls schwer ist, kann das Wort laut Überprüfenden anhand der Bilder gut nachvollzogen werden. Inwiefern sich ein Autor zuweilen zwischen verschiedenen Varianten entscheiden muss, zeigt folgendes Beispiel: Im Text ist sowohl der männliche als auch der weibliche Genus aufgeführt (Rollstuhl-Fahrerinnen und Rollstuhl-Fahrer). Diese gewählte Variante führt zu einer längeren Satzkonstruktion, umgeht jedoch die Gefahr der Benachteiligung, die bei der alleinigen Verwendung der männlichen Wortform entstünde. Das Wort „Rollstuhl-Fahrende" würde zwar nicht die zuvor aufgeführten Probleme mit sich bringen, ist jedoch schwieriger zu lesen und zu verstehen. Der Autor muss letztendlich eine Entscheidung treffen, die sich - wie im Fall der eigenen Übersetzung - vorwiegend an den Wünschen der Überprüfenden orientieren sollte.

Die Erfahrung, Kritik bezüglich des selbstproduzierten Texts zu erhalten, war zunächst befremdend und schwierig. Eigene Gedankengänge, Aussagen und Ideen wurden überarbeitet, erneuert und in Frage gestellt. Seitens des Autors muss diesbezüglich die Bereitschaft vorhanden sein, den verfassten Text überhaupt leicht verständlicher gestalten zu wollen und die Betroffenen als Verständlichkeits-Experten anzuerkennen. Ist diese Bereitschaft nicht vorhanden, macht die Erstellung einfacher Texte, die eine Teilhabe von Menschen mit Lernschwierigkeiten am öffentlichen Leben forciert, wenig Sinn.

Zusammenfassend lässt sich festhalten, dass das Verfassen eines Texts in eine leichte Sprache durchaus eine Herausforderung darstellt - Methoden müssen erlernt, Zielgruppen analysiert und einbezogen sowie die eigene Herangehensweisen beleuchtet und gegebenenfalls verändert werden. Besonders erste Erfahrungen können z.b. aufgrund des erhöhten zeitlichen Aufwands sowie unerwarteter Prüfungsergebnisse als deprimierend und entmutigend empfunden werden und zu Unsicherheiten bezüglich eigener Übersetzungskompetenzen führen. Gemäß dem Spruch „Übung macht den Meister", dürfte eine regelmäßige Anwendung Leichter Sprache diese Unsicherheiten m.E. jedoch reduzieren. Gleichzeitig würde eine regelmäßige Verwendung leichter Sprache zu der Entwicklung eines eigenen Stils beim Formulieren und Gestalten von Texten und dies wiederum zu einem verminderten Zeitaufwand führen.

Aufgrund meiner in der Ausarbeitung behandelten Thematik wurden die Überprüfungspersonen abschließend befragt, inwiefern der bearbeitete Artikel ihnen und anderen Menschen mit Lernschwierigkeiten eine Teilhabe ermöglicht. Die Betroffenen empfanden die Aufklärung und Information über die „Kampagne barrierefreie Bahnhöfe - Markus macht Mobil" als wichtigen Beitrag zur Verbesserung ihrer persönlichen Teilhabe, da nun auch ihnen die Möglichkeit zukommt, sich an der Kampagne zu beteiligen und Barrieren an Bahnhöfen aufzuzeigen, die besonders der Betroffenengruppe Menschen mit Lernschwierigkeiten im Weg stehen (z.b. Unverständliche und klein geschriebene Abfahrts- sowie Ankunftspläne). Dementsprechend lässt sich nochmals verdeutlichen, dass es „die einfachen, kurzen alltäglichen Informationen in leicht verständlicher Sprache [sind], die am meisten benötigt werden" (Freyhoff et al. 1998, 7) und eine barrierefreie Teilhabe an der Gesellschaft für Menschen mit Lernschwierigkeiten vorantreiben.

4 Grenzen und Probleme hinsichtlich Leichter Sprache

Wie die vorangegangenen Aufzeichnungen verdeutlicht haben, ist die Verständlichkeit und Lesbarkeit eines Texts nicht nur allein von dessen sprachlichen sowie gestalterischen Merkmalen abhängig, sondern auch von den Fähigkeiten, Interessen und Erfahrungen des Lesers (vgl. Rickheit 1995, 20). Daraus ergibt sich die Problematik, dass das Konzept der Leichten Sprache „nicht universal sein" (Freyhoff et al. 1998, 8) kann. Die Anfertigung eines Dokuments, das den Fähigkeiten sämtlicher Menschen mit Lernschwierigkeiten bzw. Lese- und Verständnisproblemen gerecht wird, ist also nicht möglich (vgl. ebd.; Hellbusch 2005, 111). Dennoch bieten die „Standards für Leichte Sprache" und die „europäischen Richtlinien für die Erstellung von leicht lesbaren Informationen" eine gute Möglichkeit, viele Menschen mit Lernschwierigkeiten zu erreichen, da hieraus hervorgeht, dass Leichte Sprache beispielsweise durch die Verwendung von Abbildungen, Hörkassetten, audiovisueller Medien etc. auf vielfältige Art und Weise vermittelt werden kann (vgl. Freyhoff et al. 1998, 8ff.). Zudem wird immer wieder betont, dass eine Orientierung an der Zielgruppe stattfinden muss, um ein Dokument maximal verständlich zu gestalten. Des Weiteren unterstreicht diese Problematik „die Notwendigkeit eines Dialogs zwischen dem Autor und einer Person der Zielgruppe" (Kupke; Schlummer 2010, 70) umso mehr. Aus eigenen Praxiserfahrungen bei Mensch zuerst lassen sich jedoch kontroverse Entwicklungen bezüglich der empfundenen Notwendigkeit des Dialogs erkennen: So übersetzen aufgrund finanzieller Engpässe immer mehr Organisationen, Institutionen sowie Einzelpersonen eigenständig Texte und deklarieren diese - ohne erfolgte Überprüfung durch einen Betroffenen - als leicht lesbare Dokumente. Diese Entwicklung bedeutet einen Rückschritt, der zu einer erneuten Bevormundung und der Gefahr, dass Menschen mit Lernschwierigkeiten „von außen beurteilt bzw. Informationen ‚für sie' selektiert werden" (Wessels 2005, 229) führt und erfordert ein Entgegenwirken durch z.B. eine Qualitätssicherung Leichter Sprache. Es bleibt nochmals festzuhalten, dass „leichte Sprache nur dann leichte Sprache ist, wenn ein Mensch mit Lernschwierigkeiten und eventuell eine Unterstützungsperson den Text kontrolliert haben." (Göthling; Schirbort; Theunissen 2006, 563)

Wie im Verlaufe der Arbeit bereits dargelegt, fehlt dem Leichte Sprache Konzept die wissenschaftliche Fundierung. Aus diesem Grund wird es im universitären Diskurs gegenwärtig kaum thematisiert. Besonders eine Anerkennung und Erforschung des Konzepts im universitären Rahmen würde jedoch die Notwendigkeit der Verwendung einer leichteren Sprache theoretisch fundieren und somit die Verbreitung des Konzepts der Leichten Sprache beschleunigen. Diesen Teufelskreis gilt es daher z.B. durch eine Überarbeitung struktureller und organisatorischer Regelungen in Aus- und Weiterbildung zu durchbrechen. Zudem lässt sich festhalten, dass die Verständlichkeits- und Lesbarkeitsforschung auch die Personengruppe „Menschen mit Lernschwierigkeiten" in den Blick nehmen muss, um kritische Äußerungen bezüglich der „Nichtfundiertheit" des Leichte Sprache Konzepts vollends entkräften zu können und gegebenenfalls spezielle Bedürfnisse hervorheben zu können.

Kupke und Schlummer kritisieren die mit Leichter Sprache oftmals einhergehende Simplifizierung von Fakten, indem sie auf die Reaktion dieser Erkenntnis seitens des Lesers aufmerksam machen: „Wer das durchschaut bzw. erkennt fühlt sich rasch auch einmal ‚auf den Arm genommen'." (Kupke; Schlummer 2010, 67) Das Problem der Simplifizierung könnte ebenfalls gesellschaftliche Auswirkungen haben. So bemängeln zwar viele Menschen den Schwierigkeitsgrad von u.a. Gebrauchsanweisungen, Dokumentationen etc., ein „konventioneller" Sprachstil wird jedoch häufig trotzdem von einem großen Teil der Bevölkerung befürwortet. Dies birgt die Gefahr, dass die Personen, die das Konzept Leichte Sprache in Anspruch und Simplifizierungen in Kauf nehmen, als „dämlich" und „zweitklassige" Menschen abqualifiziert werden. Insbesondere die Nutzergruppe des Konzepts für Leichte Sprache darf aber

„Unverständlichkeit nicht länger als notwendig hinnehmen oder gar als Zeichen besonderer Gelehrsamkeit ansehen" (Langer et al. 2006, 219). Sie selbst muss wie bereits betont wurde vielmehr gezielt für ihr Recht auf Leichte Sprache z.b. durch direkte Konsultation eines Autors eintreten und zeigen, dass eine einfache Sprache für jeden Menschen möglich ist.

Grenzen im Hinblick auf die Umsetzung des Konzepts könnten ebenfalls in den staatlichen Einsparungen im Gesundheits- und Sozialsystem gesehen werden. Es bleibt aber festzuhalten, dass eine nicht stattfindende Verwirklichung von Teilhabe und Leichte Sprache keinesfalls mit finanziellen Aspekten begründet werden sollte.

5. Literaturverzeichnis (inklusive weiterführender Literatur)

Aktion Mensch; Stiftung digitale Chance (2010): Biene. Bonn. Abgerufen am 16. Juli 2010: http://www.biene-award.de.

Bamberger, R.; Vanecek, E. (1984): Lesen-Verstehen-Lernen-Schreiben. Die Schwierigkeitsstufen von Texten in deutscher Sprache. Jugend und Volk. Wien.

Beck, I. (2006): Lebensqualität. In: Antor, G.; Bleidick, U. (Hrsg.): Handlexikon der Behindertenpädagogik. Schlüsselbegriffe aus Theorie und Praxis. 2. Auflg. Kohlhammer. Stuttgart, S. 376-379.

Bernasconi, T. (2009): Barrierefreies Internet für Menschen mit geistiger Behinderung. Pädagogische Konsequenzen aus den Ergebnissen einer Pilotstudie. In: Zeitschrift für Heilpädagogik. 60. Jg. (8), S. 300-307.

Bieneck, A.; Knipsel, S. (2008): Nachdenken über Hindernisse. Am Beispiel einer Zukunftswerkstatt „Wie wollen wir in 20 Jahren leben?". In: Heß, G.; Kagemann-Harnack, G.; Schlummer, W. (Hrsg.): Wir wollen - wir lernen - wir können! Erwachsenenbildung, Inklusion, Empowerment. 2. Aufl. Lebenshilfe. Marburg, S. 232-238.

BIK - barrierefrei informieren und kommunizieren (2009): Über uns. Berlin. Abgerufen am 17. Juli 2010: http://www.bik-online.info/bik/index.php.

Blaha, R. (2009): Barrierefreiheit beginnt im Kopf! In: Behinderte Menschen. 32. Jg. (1), S.17.

BMBF (Bundesministerium für Bildung und Forschung) (2003): Informationsgesellschaft 2006. Aktionsprogramm der Bundesregierung. Hof/ Saale. Abgerufen am 16. Juli 2010: http://www.bmbf.de/pub/aktionsprogramm_informationsgesellschaft_2006.pdf.

BMAS (Bundesministerium für Arbeit und Soziales) (2003): Zielvereinbarungsregister und Mobilitätsprogramme. Berlin. Abgerufen am 15. Juni 2010: http://www.bmas.de/portal/19564/2007 09 21 zielvereinbarungsregister.html.

BMAS (Bundesministerium für Arbeit und Soziales) (2009): Behindertenbericht 2009. Bericht der Bundesregierung über die Lage von Menschen mit Behinderungen für die 16. Legislaturperiode. Bonn. Abgerufen am 15. Juni 2010: http://www.bmas.de/portal/3524/property=pdf/a125 behindertenbericht.pdf.

Bradi, C. (2005): Selbstbestimmung und Teilhabe als Herausforderung für behinderte Menschen mit hohem Hilfebedarf. In: Wacker, E.; Bosse, I.; Dittrich, T.; Niehoff, U.; Schäfers, M.; Wansing, G.; Zalfen, B. (Hrsg.): Teilhabe. Wir wollen mehr als nur dabei sein. Lebenshilfe. Marburg, S. 185-198.

Bungart, P.; Boysen, U.; Boysen, S., Gattermann-Kasper, M.; Hase, U.; Worseck, T. (2003): „Behinderung - alles was Recht ist". In: Hermes, G.; Köbsell, S. (Hrsg.): Disability Studies in Deutschland - Behinderung neu denken! Dokumentation der Sommeruni 2003. bifos-Schriftenreihe zum selbstbestimmten Leben Behinderter. Kassel, S. 27-35.

Bundesvereinigung Lebenshilfe für Menschen mit geistiger Behinderung e.V. (2003): Dortmunder Erklärung. In: Wacker, E.; Bosse, I.; Dittrich, T.; Niehoff, U.; Schäfers, M.; Wansing, G.; Zalfen, B. (Hrsg.): Teilhabe. Wir wollen mehr als nur dabei sein. Lebenshilfe. Marburg, S. 9-10.

Center for Universal Design (2008): About UD. North Carolina. Abgerufen am 30. Juni 2010: http://www.design.ncsu.edu/cud/about_ud/about_ud.htm.

DIMDI (Deutsches Institut für medizinische Dokumentation und Information) (2005): ICF. Internationale Klassifikation der Funktionsfähigkeit, Behinderung und Gesundheit. Genf. Abgerufen am 13. Juni 2010: http://www.dimdi.de/dynamic/de/klassi/downloadcenter/icf/endfassung/icf_endfassung-2005-10-01.pdf.

Degener, T. (2003): „Behinderung neu denken". Disability Studies als wissenschaftliche Disziplin in Deutschland. In: Hermes, G.; Köbsell, S. (Hrsg.): Disability Studies in Deutschland - Behinderung neu denken! Dokumentation der Sommeruni 2003. bifos- Schriftenreihe zum selbstbestimmten Leben Behinderter. Kassel, S. 23-26.

Degener, T; Dick, C. (2003): Antidiskriminierung und Menschenrechte für behinderte Menschen. In: Hermes, G.; Köbsell, S. (Hrsg.): Disability Studies in Deutschland - Behinderung neu denken! Dokumentation der Sommeruni 2003. bifos-Schriftenreihe zum selbstbestimmten Leben Behinderter. Kassel, S. 152-163.

Deutscher Behindertenrat (2003): Mustervertragstext für Zielvereinbarungen nach § 5 BGG. Berlin. Abgerufen am 15. Juni 2010: http://www.deutscherbehindertenrat.de/mime/26376D1086261575.pdf.

Dittrich, G.; Keupp, H. (2010): Gesundheitsförderung durch Partizipation - auch für Kinder und Jugendliche mit Behinderung? In: Teilhabe. 49. Jg. (1), S. 4-8.

Evers-Meyer, K. (Beauftragte der Bundesregierung für die Belange behinderter Menschen) (2009) (Hrsg.): alle inklusive! Die neue UN-Konvention. Übereinkommen über die Rechte von Menschen mit Behinderung. Bonn.

Fix, M. (2003): Verständlich formulieren. In: Praxis Deutsch. Zeitschrift für den Deutschunterricht. 30. Jg. (179), S. 4-11.

Fornefeld, B. (2000): „Worte öffnen - Worte verschließen." (Bodenheimer) - Oder Skizzen zur Könnerschaft von Erziehung um Kontext heilpädagogischer Begegnung. In: Heinen, N.; Lamers, W. (Hrsg.): Geistigbehindertenpädagogik als Begegnung. Verlag selbstbestimmtes Leben. Düsseldorf, S. 37-52.

Freudenstein, W. (2003): „Wie sage ich es einfach?" In: Hermes, G.; Köbsell, S. (Hrsg.): Disability Studies in Deutschland - Behinderung neu denken! Dokumentation der Sommeruni 2003. bifos-Schriftenreihe zum selbstbestimmten Leben Behinderter. Kassel, S. 103105.

Frey, H.-J. (2005): Übersetzung als Metapher. In: Hainz, M.; Schmidt-Dengler, W. (Hrsg.): Vom Glück sich anzustecken. Möglichkeiten und Risiken im Übersetzungsprozess. Wilhelm Braumüller. Wien. S. 39-45.

Freyhoff, G.; Heß, G.; Kerr, L.; Menzel, E.; Tronbacke, B.; Van Der Veken, K. (1998): Europäischen Vereinigung der ILSMH. Sag es einfach - Europäische Richtlinien für leichte Lesbarkeit. Europäische Vereinigung der ILSMH. Brüssel. Abgerufen am 27. Juni 2010: http://www.inclusion-europe.org/documents/101.pdf.

Frühauf, T. (2009): Den Worten müssen nun Taten folgen. In: Teilhabe. 48. Jg. (1), S. 2-3.

Funke-Johannsen, S. (2003): Blicke auf Behinderung aus medizinischer und sozialer Perspektive. In: Hermes, G.; Köbsell, S. (Hrsg.): Disability Studies in Deutschland - Behinderung neu denken! Dokumentation der Sommeruni 2003. bifos-Schriftenreihe zum selbstbestimmten Leben Behinderter. Kassel, S. 76-77.

Göbel, S. (2009): Leichte Sprache gefordert. Kassel. Abgerufen am 27.05.20010: http://www. kobinet-nachrichten.org/ cipp/kobinet/custom/pub/content,lang, 1/oid,20888.

Göthling, S.; Schirbort, K.; Theunissen, G. (2006): Netzwerk People First Deutschland - Zur Selbstvertretung von Menschen mit Lernschwierigkeiten. In: Wüllenweber, E.; Theunissen, G.; Mühl, H. (Hrsg.): Pädagogik bei geistigen Behinderungen. Ein Handbuch für Studium und Praxis. Kohlhammer. Stuttgart, S. 558-572.

Günthner, F. (2009): Freie Fahrt? Menschen mit Lernschwierigkeiten im Öffentlichen Personennahverkehr. In: Teilhabe. 48. Jg. (3), S. 142-146.

Hähner, U. (2005): Gedanken zur Organisationsentwicklung unter der Leitidee Selbstbestimmung. In: Hähner, Ulrich; Niehoff, Ulrich; Sack, Rudi; Walther, Helmut: Kompetent begleiten: Selbstbestimmung ermöglichen, Ausgrenzung verhindern! Die Weiterentwicklung des Konzepts „Vom Betreuer zum Begleiter". Lebenshilfe. Marburg, S. 15-31.

Heiden, H-G. (2006): Von „Barrierefreiheit" zum „Design für alle!" Eine neue Philosophie der Planung. In: Hermes, G.; Rohrmann, E. (Hrsg.): Nichts über uns - ohne uns! Disability Studies als neuer Ansatz emanzipatorischer und interdisziplinärer Forschung über Behinderung. AG SPAK. Neu-Ulm, S. 195-210.

Heinen, N; Lamers, W. (2000): Heilpädagogische Kompetenzen und professionelles Selbst-Verständnis in der Begegnung mit Menschen mit geistiger Behinderung. In: Heinen, N.; Lamers, W. (Hrsg.): Geistigbehindertenpädagogik als Begegnung. Verlag selbstbestimmtes Leben. Düsseldorf, S. 53-65.

Hellbusch, J. E. (2005): Barrierefreies Webdesign. Praxishandbuch für Werbegestaltung und grafische Programmoberflächen. Dpunkt. Heidelberg.

Hermes, G. (2006): Der Wissenschaftsansatz Disability Studies - Neue Erkenntnisgewinne über Behinderung? In: Hermes, G.; Rohrmann, E. (Hrsg.): Nichts über uns - ohne uns! Disability Studies als neuer Ansatz emanzipatorischer und interdisziplinärer Forschung über Behinderung. AG SPAK. Neu-Ulm, S. 15-30.

Hinz, A.; Niehoff, U. (2008): Bürger sein. Zur gesellschaftlichen Position von Menschen, die als geistig behindert bezeichnet werden. In: Geistige Behinderung. 47 Jg. (2), S. 107117.

Illgner, G. (2001): Die deutsche Sprachverwirrung. Lächerlich und ärgerlich: Das neue Kauderwelsch. 2. Aufl. IFB. Paderborn.

Inclusion Europe (2009a): Informationen für alle. Europäische Regeln, wie man Informationen leicht lesbar und leicht verständlich macht. Brüssel. Abgerufen am 12. Juni 2010: http://www.inclusion-europe.org/LLL/documents/DE-Information%20for%20all.pdf.

Inclusion Europe (2009b): Schreiben Sie nichts ohne uns. Wie man Menschen mit Lernschwierigkeiten einbezieht, wenn man leicht verständliche Texte schreibt. Brüssel. Abgerufen am 04. Juli 2010: http://www.inclusion-europe.org/LLL/documents/DE-Methodology.pdf.

Inclusion Europe (2009c): Images. Brüssel. Abgerufen am 04. Juli 2010: http://www.inclusion-europe.org/etr/images/ETR_GIF.gif.

Inclusion Europe (2010a): Informationen über Inclusion Europe. Brüssel. Abgerufen am 12. Juni 2010: http://www.inclusion-europe.org/main.php?lang=DE&level=1&s=89&mode=section.

Inclusion Europe (2010b): About the use of the European easy-to-read logo. Brüssel. Abgerufen am 12. Juni 2010: http://www.inclusioneurope.org/main.php?lang=EN&level=2&s=85&mode=nav2&n1=172&n2=161.

Kandler-Schmitt, B. (2010): Wenn des Guten zu viel ist. Beipackzettel. Die Beipackzettel von Medikamenten sollen verständlicher werden. Bei Fragen hilft der Apotheker. In: Apotheken Umschau, (1), S. 42.

Klauß, T. (2008): „Geistige Behinderung" - vom Dilemma eines Begriffs. In: Heß, G.; Kagemann-Harnack, G.; Schlummer, W. (Hrsg.): Wir wollen - wir lernen - wir können! Erwachsenenbildung, Inklusion, Empowerment. 2. Aufl. Lebenshilfe. Marburg, S. 196-202.

Kleinbach, K. (2009): Wo geht's hin? Im Reutlinger Stadtverkehr. In: Teilhabe. 48. Jg. (1), S. 37-43.

Kohte, W. (2004): Gesetzliche Grundlagen für barrierefreie Information und Kommunikation. In: Schlenker-Schulte, C. (Hrsg.): Barrierefreie Information und Kommunikation. Hören - Sehen - Verstehen in Arbeit und Alltag. Neckar. Villingen-Schwenningen, S. 27-36.

Köbler, R.; Kofler, J. (2007): Das Gleichstellungsbuch von Wibs. In: Graf, E. O.; Renggli, C.; Weisser, J. (Hrsg.): Die Welt als Barriere. Deutschsprachige Beiträge zu den Disability Studies. Edition Soziothek. Bern, S. 133-148.

Komp, E.; Weber, E. (2008): Veränderte berufliche Rollenbilder von Mitarbeiter(inne)n in der Begleitung von Menschen mit Behinderung auf dem Weg zum individuellen Wohnen und Leben. In: Heß, G.; Kagemann-Harnack, G.; Schlummer, W. (Hrsg.): Wir wollen - wir lernen - wir können! Erwachsenenbildung, Inklusion, Empowerment. 2. Aufl. Lebenshilfe. Marburg, S. 102-109.

Kulig, W.; Theunissen, G.; Wüllenweber E. (2006): Geistige Behinderung. In: Wüllenweber, E.; Theunissen, G.; Mühl, H. (Hrsg.): Pädagogik bei geistigen Behinderungen. Ein Handbuch für Studium und Praxis. Kohlhammer. Stuttgart, S. 116-127.

Kupke, C.; Schlummer, W. (2010): Kommunikationsbarrieren und ihre Überwindung. Leichte Sprache und Verständlichkeit in Texten für Menschen mit Lernschwierigkeiten. In: Teilhabe. 49. Jg. (2), S. 67-73.

Langer, I.; Schulz von Thun, F.; Tausch, R. (2006): Sich verständlich ausdrücken. 8. Aufl. Ernst Reinhardt. München, Basel.

Lebenshilfe Bremen e.V. (2010): So kann es jeder verstehen. Bremen. Abgerufen am 03. Juli 2010: http://www.lebenshilfe-bremen.de/html/content.php?mainID=3&subID=23.

Lindmeier, B.; Lindmeier, C. (2002): Professionelles Handeln in der Arbeit mit geistig behinderten Erwachsenen unter der Leitidee der Selbstbestimmung. In: Behinderte in Familie, Schule und Gesellschaft. 25. Jg. (4), S. 63-74.

Lindmeier, B.; Lindmeier, C. (2006a): Geistige Behinderung, Geistigbehinderte, Geistigbehindertenpädagogik. In: Antor, G.; Bleidick, U. (Hrsg.): Handlexikon der Behindertenpädagogik. Schlüsselbegriffe aus Theorie und Praxis. 2. Auflg. Kohlhammer. Stuttgart, S. 134138.

Lindmeier, B.; Lindmeier, C. (2006b): Unterstützungsmöglichkeiten für geistig behinderte Menschen in Europa. In: Wüllenweber, E.; Theunissen, G.; Mühl, H. (Hrsg.): Pädagogik bei geistigen Behinderungen. Ein Handbuch für Studium und Praxis. Kohlhammer. Stuttgart, S. 94-106.

Loeken, H. (2006): Disability Studies - Impulse für die Soziale Arbeit mit behinderten Menschen und die Sonderpädagogik. In: Hermes, G.; Rohrmann, E. (Hrsg.): Nichts über uns - ohne uns! Disability Studies als neuer Ansatz emanzipatorischer und interdisziplinärer Forschung über Behinderung. AG SPAK. Neu-Ulm, S. 234-248.

Mensch zuerst - Netzwerk People First Deutschland e.V. (Hrsg.) (2006): Das kleine 1x1 für gute Unterstützung. Projekt „Wir vertreten uns selbst!". 7. Auflage. Kassel.

Mensch zuerst - Netzwerk People First Deutschland e.V. (2008): Das neue Wörterbuch für Leichte Sprache. Kassel.

Mensch zuerst - Netzwerk People First Deutschland e.V. (2009): Über 13.500 Unterschriften für leichte Sprache. Kassel. Abgerufen am 14. Juli 2010: http://www.people1.de/nachrichten/2009-09-30.php.

Mensch zuerst - Netzwerk People First Deutschland e.V. (2010): Leichte Sprache. Kassel. Abgerufen am 03. Juli 2010: http://www.people1.de/was_halt.html.

Miles-Paul, O.; Drewes, A. (2002): Bundesgleichstellungsgesetz für Behinderte setzt neue Standards in der Behindertenpolitik. In: Heilpädagogik online. 1. Jg. (01), S. 12-27.

Miles-Paul, O. (2006): Selbstbestimmung behinderter Menschen. Eine Grundlage für Disability Studies. In: Hermes, G.; Rohrmann, E. (Hrsg.): „Nicht über uns - ohne uns! Disability

Studies als neuer Ansatz emanzipatorischer und interdisziplinärer Forschung über Behinderung. AG SPAK. Neu-Ulm. S. 31-42.

Miles-Paul, O. (2008): Grußwort des Beauftragten für die Belange behinderter Menschen in Rheinland-Pfalz. In: Ministerium für Arbeit, Soziales, Gesundheit, Familie und Frauen Rheinland-Pfalz (MASGFF) (Hrsg.): Leichte Sprache - Leitfaden für die Erstellung von Briefen und Veröffentlichungen im Ministerium für Arbeit, Soziales, Gesundheit, Familie und Frauen. Referat Reden und Öffentlichkeitsarbeit. Mainz, S. 4.

MASGFF (Ministerium für Arbeit, Soziales, Gesundheit, Familie und Frauen RheinlandPfalz) (Hrsg.): Leichte Sprache - Leitfaden für die Erstellung von Briefen und Veröffentlichungen im Ministerium für Arbeit, Soziales, Gesundheit, Familie und Frauen. Referat Reden und Öffentlichkeitsarbeit Mainz. Abgerufen am 16. Mai 2010: http:// www.lb.rlp.de/fileadmin/masgff/behindertenbeauftragter/LeitfadenLeichteSprache.pdf.

Netzwerk Artikel 3 - Verein für Menschenrechte und Gleichstellung Behinderter e.V. (Hrsg.): Ein Leitfaden für die Praxis. Abgerufen am 21.04.09: www.gehoerlosenbund. de/download/doc/bgg_leitfaden. doc.

Netzwerk Leichte Sprache (2009): Das gibt es schon in leichter Sprache. O.O. Abgerufen am 16. Juli 2010: http://www.leichtesprache.org/downloads/Buecherliste_Netzwerk_Leichte_Sprache.pdf.

Neubert, R. (2004): Barrierefreie Information und Kommunikation - eine zu wenig beachtete Thematik. In: Schlenker-Schulte, C. (Hrsg.): Barrierefreie Information und Kommunikation. Hören - Sehen - Verstehen in Arbeit und Alltag. Neckar. Villingen-Schwenningen, S. 21-23.

Niehoff, U. (2005): Die Quadratur des Kreises? In: Wacker, E.; Bosse, I.; Dittrich, T.; Niehoff, U.; Schäfers, M.; Wansing, G.; Zalfen, B. (Hrsg.): Teilhabe. Wir wollen mehr als nur dabei sein. Lebenshilfe. Marburg, S. 35-52.

Niehoff, U. (2006): Weg mit den Hindernissen! Was bedeutet eigentlich: Barrierefreiheit für Menschen mit geistiger Behinderung? In: Geistige Behinderung. 45. Jg. (2), S.97-98.

Niehoff, U.; Schablon, K.-U. (2005): Selbstbestimmung und Teilhabe: Welches Rüstzeug brauchen professionelle Unterstützer? In: Hähner, U.; Niehoff, U.; Sack; R.; Walther, H.:

Kompetent begleiten: Selbstbestimmung ermöglichen, Ausgrenzungen verhindern! Die Weiterentwicklung des Konzepts „Vom Betreuer zum Begleiter". Lebenshilfe. Marburg, S. 79-92.

Oegerli, P. (2007): Behinderung als individuelles Wesensmerkmal oder als soziales Konstrukt? Eine Bildanalyse zur dritten Plakatkampagne von Pro Infirmis. In: Graf, E. O.; Renggli, C.; Weisser, J. (Hrsg.): Die Welt als Barriere. Deutschsprachige Beiträge zu den Disability Studies. Edition Soziothek. Bern, S. 185-191.

Pabst, P. (2010): (Politische) Beteiligung von Menschen mit Lernbeeinträchtigung am Ort an dem sie leben. Peissenherg. Abgerufen am 17. Juli. 2010: http://www.lebenshilfe.de/wDeutsch/aus_fachlicher_sicht/downloads/VATeilhabeplanung2 010/Einmischen---Mitmische_Pabst.o.pdf.

Peter, W. (2003): „Der lange Marsch zur Barrierefreiheit". In: Hermes, G.; Köbsell, S. (Hrsg.): Disability Studies in Deutschland - Behinderung neu denken! Dokumentation der Sommeruni 2003. bifos-Schriftenreihe zum selbstbestimmten Leben Behinderter. Kassel, S. 54-58.

Pluto, L. (2007): Partizipation in den Hilfen zur Erziehung. Eine empirische Studie. Deutsches Jugendinstitut (DJI). München.

Prinz, R.; Bierstedt, C. (2004): Barrieren bei der Erstellung einer Multimedia-Anwendung. In: Schlenker-Schulte, C. (Hrsg.): Barrierefreie Information und Kommunikation. Hören - Sehen - Verstehen in Arbeit und Alltag. Neckar. Villingen-Schwenningen, S. 248-256.

Raule, R. (2004): Kommunikationsbarrieren im Beruf überwinden. In: Schlenker-Schulte, C. (Hrsg.): Barrierefreie Information und Kommunikation. Hören - Sehen - Verstehen in Arbeit und Alltag. Neckar. Villingen-Schwenningen, S. 159-166.

Reiter, G. (2010): Leichte Sprache. In: bidok - Vollbibliothek: Wiederveröffentlichung im Internet. Abgerufen am: 29. Juli 2010: http://bidok.uibk.ac.at/library/reiter-sprache.html.

Rickheit, G. (1995): Verstehen und Verständlichkeit von Sprache. In: Spillner, B. (Hrsg.): Sprache: Verstehen und Verständlichkeit. Kongreßbeiträge zur 25. Jahrestagung der Gesellschaft für angewandte Linguistik GAL e.V. Band 25. Peter Lang. Frankfurt am Main. S. 1529.

Rittmeyer, C. (1993): Leseförderung bei geistigbehinderten Kindern. In: Sonderschulmagazin. 15. Jg. (7-8), S. 9-12.

Rock, K. (2001): Sonderpädagogische Professionalität unter der Leitidee der Selbstbestimmung. Klinkhardt. Bad Heilbrunn.

Rohrmann, E. (2005): Zu Behinderungen des Rechts auf Teilhabe in der Sozialpolitik. In: Wacker, E.; Bosse, I.; Dittrich, T.; Niehoff, U.; Schäfers, M.; Wansing, G.; Zalfen, B. (Hrsg.): Teilhabe. Wir wollen mehr als nur dabei sein. Lebenshilfe. Marburg, S. 261-272.

Rohrmann, E. (2006): Zwischen Selbstbestimmung und Menschenrechtsverletzungen. Zur Lage behinderter Menschen in Deutschland im Spannungsfeld zwischen Behinderten- und Sozialpolitik. In: Hermes, G.; Rohrmann, E. (Hrsg.): Nichts über uns - ohne uns! Disability Studies als neuer Ansatz emanzipatorischer und interdisziplinärer Forschung über Behinderung. AG SPAK. Neu-Ulm, S. 175-194.

Rohrmann, A.; Schädler, J. (2006): Individuelle Hilfeplanung und Unterstützungsmanagement. In: Theunissen, G.; Schirbort K. (Hrsg.): Inklusion von Menschen mit geistiger Behinderung. Zeitgemäße Wohnformen - Soziale Netze - Unterstützungsangebote. Kohlhammer. Stuttgart, S. 230-247.

Rohrmann, A. (2009): Teilhabe planen. Ziele und Konzepte kommunaler Teilhabeplanung. In: Teilhabe. 48. Jg. (1), S. 18-24.

Schirbort, K.; Göthling, S. (2006): Teilhabe und Unterstützung aus der Sicht Betroffener - am Beispiel der Position von Netzwerk People First Deutschland e.V. In: Theunissen, G.; Schirbort K. (Hrsg.): Inklusion von Menschen mit geistiger Behinderung. Zeitgemäße

Wohnformen - Soziale Netze - Unterstützungsangebote. Kohlhammer. Stuttgart, S. 248265.

Schirbort, K. (2007): Lernschwierigkeiten, Menschen mit Lernschwierigkeiten. In: Theunissen, G.; Kulig, W.; Schirbort, K. (Hrsg.): Handlexikon geistige Behinderung: Schlüsselbegriffe aus der Heil- und Sonderpädagogik, sozialen Arbeit, Medizin, Psychologie, Soziologie und Sozialpolitik. Kohlhammer. Stuttgart, S. 214.

Schlenker-Schulte, C. (2004a): Sinnesbarrieren abbauen - Denkanstöße. In: SchlenkerSchulte, C. (Hrsg.): Barrierefreie Information und Kommunikation. Hören - Sehen - Verstehen in Arbeit und Alltag. Neckar. Villingen-Schwenningen, S. 11-20.

Schlenker-Schulte, C. (2004b): Prüfungsmodifikation durch Textoptimierung. In: Schlenker-Schulte, C. (Hrsg.): Barrierefreie Information und Kommunikation. Hören - Sehen - Verstehen in Arbeit und Alltag. Neckar. Villingen-Schwenningen, S. 196-205.

Schmahl, F. (2010a): Leichte Sprache für viele. Hannover. Abgerufen am 16. Juli 2010: http ://www. kobinet-nachrichten.org/ cipp/kobinet/custom/pub/content,lang, 1/oid,24113.

Schmahl, F. (2010b): Kampagne für barrierefreie Bahnhöfe. Berlin. Abgerufen am 15. Juli 2010: http://www. kobinet-nachrichten.org/ cipp/kobinet/custom/pub/content,lang, 1/oid,24356.

Schulz von Thun, F. (2008): Miteinander reden: 1. Störungen und Klärungen. Allgemeine Psychologie der Kommunikation. Sonderausgabe. Rowohlt. Hamburg.

Schulze, M. (2009): Die Konvention: Ihre Notwendigkeit und ihre Möglichkeiten. In: Behinderte Menschen. 32. Jg. (1), S. 20-25.

Seifert, M. (2003): Mehr Lebensqualität. Zielperspektiven für Menschen mit schwerer (geistiger) Behinderung in Wohneinrichtungen. Lebenshilfe. Marburg.

Stöppler, R. (2005): „Mobil dabei sein". Partizipation und Selbstbestimmung durch Mobilität. In: Wacker, E.; Bosse, I.; Dittrich, T.; Niehoff, U.; Schäfers, M.; Wansing, G.; Zalfen, B. (Hrsg.): Teilhabe. Wir wollen mehr als nur dabei sein. Lebenshilfe. Marburg, S. 247-258.

Ströbl, J. (2006): Behinderung und gesellschaftliche Teilhabe aus Sicht von Menschen mit so genannter geistiger Behinderung. In: Hermes, G.; Rohrmann, E. (Hrsg.): Nichts über uns - ohne uns! Disability Studies als neuer Ansatz emanzipatorischer und interdisziplinärer Forschung über Behinderung. AG SPAK. Neu-Ulm, S. 42-49.

Ströbl, J. (2008): Grußwort von Mensch zuerst - Netzwerk People First Deutschland. In: Ministerium für Arbeit, Soziales, Gesundheit, Familie und Frauen Rheinland-Pfalz (MASGFF) (Hrsg.): Leichte Sprache - Leitfaden für die Erstellung von Briefen und Veröffentlichungen im Ministerium für Arbeit, Soziales, Gesundheit, Familie und Frauen. Referat Reden und Öffentlichkeitsarbeit. Mainz, S. 5.

Terfloth, K. (2005): „IncluCity". Wege zu einem inklusiven kommunalpolitischen Dialog. In: Wacker, E.; Bosse, I.; Dittrich, T.; Niehoff, U.; Schäfers, M.; Wansing, G.; Zalfen, B. (Hrsg.): Teilhabe. Wir wollen mehr als nur dabei sein. Lebenshilfe. Marburg, S. 235-246.

Theunissen, G. (2006): Inklusion - Schlagwort oder zukunftsweisende Perspektive? In: Theunissen, G.; Schirbort K. (Hrsg.): Inklusion von Menschen mit geistiger Behinderung. Zeitgemäße Wohnformen - Soziale Netze - Unterstützungsangebote. Kohlhammer. Stuttgart, S. 13-40.

Theunissen, G. (2008): Geistige Behinderung und Lernbehinderung. Zwei inzwischen umstrittene Begriffe in der Diskussion. In: Geistige Behinderung. 42 Jg. (2), S. 127-136.

Theunissen, G. (2009): Empowerment und Inklusion behinderter Menschen. Eine Einführung in Heilpädagogik und soziale Arbeit. 2. Aufl. Lambertus. Freiburg im Breisgau.

Theunissen, G.; Schirbort, K. (2006): Inklusion statt Aussonderung - Zitiert und reflektiert aus Empowerment-Geschichte von A. Souza. In: Theunissen, G.; Schirbort K. (Hrsg.): Inklusion von Menschen mit geistiger Behinderung. Zeitgemäße Wohnformen - Soziale Netze - Unterstützungsangebote. Kohlhammer. Stuttgart, S. 41-48.

Wacker, E. (2005a): Alter und Teilhabe. Grundsatzfragen und Aufgaben der Rehabilitation. In: Wacker, E.; Bosse, I.; Dittrich, T.; Niehoff, U.; Schäfers, M.; Wansing, G.; Zalfen, B. (Hrsg.): Teilhabe. Wir wollen mehr als nur dabei sein. Lebenshilfe. Marburg, S. 337-366.

Wacker, E. (2005b): Selbst Teilhabe bestimmen? In: Wacker, E.; Bosse, I.; Dittrich, T.; Niehoff, U.; Schäfers, M.; Wansing, G.; Zalfen, B. (Hrsg.): Teilhabe. Wir wollen mehr als nur dabei sein. Lebenshilfe. Marburg, S. 11-20.

Wagner, S.; Kämpf de Salazar, C. (2004): Einfache Texte - Grundlage für barrierefreie Kommunikation. In: Schlenker-Schulte, C. (Hrsg.): Barrierefreie Information und Kommunikation. Hören - Sehen - Verstehen in Arbeit und Alltag. Neckar. Villingen- Schwenningen, S. 206-214.

Wansing, G. (2005a): Die Gleichzeitigkeit des gesellschaftlichen »Drinnen und Draußen« von Menschen mit Behinderung. In: Wacker, E.; Bosse, I.; Dittrich, T.; Niehoff, U.; Schäfers, M.; Wansing, G.; Zalfen, B. (Hrsg.): Teilhabe. Wir wollen mehr als nur dabei sein. Lebenshilfe. Marburg, S. 21-34.

Wansing, G. (2005b): Teilhabe an der Gesellschaft. Menschen mit Behinderung zwischen Inklusion und Exklusion. SV/GWV. Wiesbaden.

Wessels, C. (2005): So kann es jeder verstehen. Das Konzept der leichten Lesbarkeit. In: Geistige Behinderung. 44. Jg. (3), S. 226-239.

Wessels, C. (2008): So kann ich es verstehen. Leichte Sprache - wichtig für Teilhabe und Bildung. In: Heß, G.; Kagemann-Harnack, G.; Schlummer, W. (Hrsg.): Wir wollen - wir lernen - wir können! Erwachsenenbildung, Inklusion, Empowerment. 2. Aufl. Lebenshilfe. Marburg, S. 264-267.

Windisch, M.; Weisheit, V. (2005): Lebensqualität und Selbstvertretung - Untersuchungsergebnisse zu People-First-Gruppen in Deutschland. In: Wacker, E.; Bosse, I.; Dittrich, T.; Niehoff, U.; Schäfers, M.; Wansing, G.; Zalfen, B. (Hrsg.): Teilhabe. Wir wollen mehr als nur dabei sein. Lebenshilfe. Marburg, S. 237-284.

Wir vertreten uns selbst! (2002): Klein angefangen - und Mensch, sind wir weit voran gekommen! Der Abschlussbericht des Bundesmodellprojektes „Wir vertreten uns selbst!" 2. Aufl. Kassel. Abgerufen am 15. Juli 2010: http://www.people1.de/02Mndex. shtml.

Zalfen, B. (2005): In Zukunft Teilhabe(n)? In: Wacker, E.; Bosse, I.; Dittrich, T.; Niehoff, U.; Schäfers, M.; Wansing, G.; Zalfen, B. (Hrsg.): Teilhabe. Wir wollen mehr als nur dabei sein. Lebenshilfe. Marburg, S. 87-98.

Ziefle, M. (2002): Lesen am Bildschirm. Eine Analyse visueller Faktoren. Waxmann. Münster.

Ziegler, M. (2007): Gedanken zur Barrierefreiheit für Menschen mit Lernbehinderung. In: Lernförderung. 27. Jg. (1), S. 4-19.

6. Anhang

Anhang 1: Online Artikel.

15.07.2010 - 14:05

Kampagne für barrierefreie Bahnhöfe.

Service © DB AG

Berlin (kobinet) Der Bundestagsabgeordnete der Grünen Markus Kurth nutzt die parlamentarischen Sommerferien zu einer Kampagne für barrierefreie Bahnhöfe. Wie kobinet heute aus dem Büro des behindertenpolitischen Sprechers von Bündnis 9Ö/Die Grünen erfuhr, startet die Kampagne "Markus macht mobil" am 21. Juli in Schwerte.

„Immer wieder erreichen mich unfassbare Schilderungen über die Situationen, die Menschen mit Behinderungen an Bahnhöfen in ganz Deutschland erleben müssen (siehe auch kobinet 12.7.10). Mehrfach habe ich mich in der Presse insbesondere zu der Situation am Hauptbahnhof in Dortmund geäußert. Passiert ist bislang nichts. Die Bahn ignoriert die Betroffenen ", so Kurth. Aus diesem Grund habe er sich entschlossen, eine Kampagne zu starten, um eine breite Öffentlichkeit für barrierefreie Bahnhöfe zu mobilisieren. (Schmahl 2010b, o.S.)

Anhang 2: Übersetzung des Online-Artikels in leichte Sprache.

Bahnhof ohne Hindernisse

Es gibt in Bahnhöfen viele Hindernisse für Menschen mit Behinderung.

Hindernisse am Bahnhof sind zum Beispiel:
- Stufen.
  Sie sind Rollstuhl-Fahrerinnen und Rollstuhl-Fahrern im Weg.

- Fahrpläne in kleiner Schrift.
  Sie sind ein Hindernis für Menschen mit Seh-Behinderung.

Immer wieder sagen Menschen mit Behinderung, wie schwer sie es am Bahnhof haben.

Sie sagen, welche Hindernisse ihnen im Weg sind.

Sie sagen zum Beispiel:
- Es gibt zu viele kaputte Fahr-Stühle
- Oder zu wenig Licht im Bahnhof.

Markus Kurth ist ein Politiker der Partei die Grünen.

Er will, dass es Menschen mit Behinderung gut geht.

Er sagt:

Es ist bisher nicht viel passiert.

Es gibt immer noch viele Hindernisse in Bahnhöfen.

Die Bahn beachtet die Probleme von Menschen mit Behinderung nicht. Das

muss sich ändern.

Damit sich was ändert macht Markus Kurth eine Kampagne. Kampagne bedeutet:

Für etwas Werbung machen oder etwas bekannt machen. Die Kampagne von Markus Kurth heißt:

Markus macht mobil.

Das macht Markus:

Markus besucht mit anderen Menschen mit Behinderung Bahnhöfe in

Deutschland.

Er zeigt auf den Bahnhöfen:
- Was ist nicht so gut.
- Und was muss sich ändern, damit Menschen mit Behinderung es einfacher haben. Zum Beispiel:

  Es muss Fahr-Stühle geben.

  Oder Fahrpläne müssen leicht zu verstehen sein.

Das will Markus noch:
Alle Menschen sollen wissen, ,
wie schwer es Menschen mit Behinderung an Bahnhöfen haben.

Alle Menschen sollen helfen

und gegen Hindernisse am Bahnhof kämpfen.

Die Kampagne beginnt am 21. Juli 2010 in Schwerte.

Schwerte ist eine Stadt im Bundes-Land Nord-Rhein-Westfalen. Der Bahnhof

in Schwerte hat zum Beispiel keine Fahr-Stühle.

Mehr zu diesem Thema finden Sie in „Barrierefreiheit: Leichte Sprache hilft Menschen mit Lernschwierigkeiten" von Linda Winter, ISBN: 9783656034940

http://www.grin.com/de/e-book/161331/